# HÄUSER FÜR JUNG UND ALT

## UMBAUEN, ERWEITERN, ZUBAUEN

## FLEXIBEL BAUEN FÜR ALLE LEBENSPHASEN

# HÄUSER FÜR JUNG UND ALT: FAMILIENWOHNEN UND FLEXIBILITÄT

Wie können wir unser Haus so bauen oder umbauen, dass es die nötige Flexibilität hat, über einen langen Zeitraum optimal nutzbar und für mehrere Generationen einer Familie geeignet ist? Diese immer wichtiger werdenden Themen werden in diesem Buch anhand von 24 gelungenen Beispielen sowohl neuer wie auch umgestalteter Wohngebäude behandelt.

Ein Haus muss heute auch auf die Veränderung von Lebensumständen vorbereitet sein – etwa dann, wenn beide Partner berufstätig sind und die Großeltern die Kinderbetreuung übernehmen, wenn ein Elternteil pflegebedürftig wird und mit einzieht oder auch, wenn die jugendlichen bzw. erwachsenen Kinder etwas mehr Privatsphäre brauchen, ohne gleich auszuziehen. Und nicht zuletzt stellt sich auch für die Bauherren selbst irgendwann die Frage nach einem veränderten oder angepassten Wohnumfeld im Alter.

Dieses Buch zeigt beispielhafte, in ihrem Charakter höchst unterschiedliche Projekte und in der informativen Einführung, wie solche und viele andere Lebenssituationen durch vorausschauende Planung berücksichtigt, zu einem vertretbaren Kostenaufwand realisiert – und nicht zuletzt architektonisch ansprechend umgesetzt werden können. Es geht um flexible, »mitwachsende« Wohnarchitektur, das Zusammenleben mehrerer Generationen und dazu geeignete Wohnkonzepte. Nicht zuletzt geht es auch um praktische Aspekte wie barrierefreies und behindertengerechtes Bauen im Kontext anspruchsvoller Architektur mit höchster Wohnqualität.

Dabei stehen folgende Aspekte im Vordergrund:

→ Anleitung zur Planung architektonisch hochwertiger und langfristig optimal nutzbarer Familienhäuser,
→ unterschiedlichste Wohnkonzepte: Einliegerwohnung, versetztes Doppelhaus, Anbau, Erweiterung im Garten etc.,
→ Flexibilität von Architektur und Nutzungen, um spätere aufwendige Umbaumaßnahmen zu vermeiden,
→ barrierefreies/schwellenloses Wohnen.

## Zusammen wohnen: Voraussetzungen und Erwartungen

Das Zusammenwohnen mehrerer Generationen erfordert neben der angepassten und flexiblen Architektur vor allem eines: Den guten Willen aller Familienmitglieder, in unmittelbarer Nähe harmonisch zusammenzuleben, mit allen damit verbundenen Vor- und Nachteilen. Die wichtigste Voraussetzung dafür ist ein gutes innerfamiliäres Verhältnis. Ereignisse wie Pflegebedürftigkeit eines Elternteils können dieses Verhältnis auf die Probe stellen. Ein eventuell durch das gemeinsame Bauen und Umbauen angestrebter Spareffekt sollte nicht den alleinigen Ausschlag zum Mehrgenerationenwohnen geben, denn letztlich wird ein harmonisches Zusammenleben unter rein finanziellen Zwängen sicherlich nicht gelingen. Herrscht zwischen Eltern und Kindern/Enkeln ein eher distanziertes Verhältnis, nimmt man vom Zusammenwohnen lieber frühzeitig Abstand. Sich vom nahen Zusammenleben allein eine Besserung der Beziehungen zu erwarten, ist eher unrealistisch.

Daneben sollte vor der Entscheidung, gemeinsam zu bauen, auch geklärt werden, welche Erwartungen alle Generationen an das Zusammenleben haben. Ist beispielsweise vonseiten der jungen Familie eine dauerhafte Betreuung der kleinen Kinder durch die Großeltern gewünscht und, falls ja, sind diese bereit und geeignet, die Aufgabe zu übernehmen, fühlen sie sich ihr gewachsen? Solche Fragen und Ziele müssen sehr früh miteinander in großer Offenheit besprochen werden, um Missverständnisse und spätere Enttäuschungen zu vermeiden. Treffen mit allen Familienmitgliedern, bei denen Hoffnungen und Vorbehalte offen – am besten auch in Form eines schriftlichen Brainstormings – vorgetragen werden, können sinnvoll sein. Erst dann, wenn über aller Erwartungen und Vorstellungen Einigkeit besteht, sollten sich die definitive Entscheidung und die bauliche Planung anschließen.

## Miteinander leben ohne anzuecken: Gemeinsamkeit und Privatsphäre im Gleichgewicht

Um den Familienfrieden beim gemeinsamen Wohnen dauerhaft aufrechtzuerhalten, ist neben gutem Willen ein ausgewogenes Verhältnis von Privatheit und Gemeinsamkeit wichtig. Alle Familienmitglieder sollten bewusst einen gesunden Respektabstand wahren und die jeweils andere – jüngere oder ältere – Generation nicht fortgesetzt in Beschlag nehmen. Baulich kann die Privatsphäre auf unterschiedliche Weise gewahrt werden – wie viel oder wenig Trennung benötigt wird, kann nur jeder selbst entscheiden, im Wissen um das persönliche Verhältnis und die eigenen Ansprüche. Darum finden sich in diesem Buch die unterschiedlichsten Lösungen für das Zusammenleben – vom Wohnen unter einem Dach auf getrennten Etagen über Doppelhäuser mit jeweils eigener Erschließung bis hin zum separaten Neubau neben dem Elternhaus. Eigene Eingänge und getrennte Treppen, aber auch separate Balkone und Terrassen sind oft von Jung wie Alt erwünscht, um auch einmal für sich sein zu können. Auf der anderen Seite braucht es aber natürlich auch gemeinsame Plätze und Erlebnisse – sei dies ein von allen gepflegter Nutz- oder Ziergarten, der Plausch in der gemeinsamen Waschküche beziehungsweise Werkstatt oder eine die Wohneinheiten verbindende Gemeinschaftsterrasse.

## Neu bauen, anbauen, aufstocken – Mehrgenerationenlösungen für jeden Fall

Das Zusammenleben mehrerer Generationen lässt sich baulich sowohl in einem Neubau als auch im Bestand realisieren. Es kommt im Einzelfall häufig darauf an, ob und welche Immobilien dafür zur Verfügung stehen; häufig geben im Familienbesitz befindliche, nur noch zum Teil genutzte Gebäude den Anstoß für das Zusammenziehen und die architektonische Umgestaltung. In manchen dieser Fälle wohnen die Großeltern oder ein Mitglied der älteren Generation noch im Haus, das für die Bedürfnisse zu groß geworden ist, aber gute Voraussetzungen für ein Mehrgenerationenkonzept bietet. In einigen der Beispiele wurde der Bestand um eine kleinere Erweiterung ergänzt, in anderen um ein Geschoss aufgestockt (siehe S. 78–83, 110–117 und 118–123). Ein gemeinsamer Neubau kommt vor allem dann in Betracht, wenn kein zusammen nutzbarer Familienwohnraum, aber ein Bauplatz in der Region verfügbar ist. Sind die Senioren an ihrem Wohnort nicht stark verwurzelt, kann man sogar über einen Ortswechsel der ganzen Familie nachdenken. Die Alternative zum gemein-

samen Umbau oder Neubau bildet ein Erweiterungsbau auf dem elterlichen Grundstück, wie es etwa auf den Seiten 72–77 gezeigt wird.

## Anpassungsfähige Häuser und Räume

Eine flexible, veränderbare Organisation der Raumbeziehungen und des Grundrisses kann im Bedarfsfall viel Aufwand und Geld sparen. Umso mehr gilt dies, wenn das Zusammenleben mehrerer Familiengenerationen momentan noch nicht verwirklicht, aber für die Zukunft geplant ist. Dazu muss die Neubau- beziehungsweise Umbauplanung so weitsichtig angelegt sein, dass alternative Lösungen für die innere und äußere Erschließung, Raumabtrennungen und Fassadenausschnitte vorbereitet sind. Soll etwa in einem Mehrgenerationenhaus die Erdgeschosswohnung der Großeltern irgendwann einmal anders genutzt und mit der Familienwohnung verbunden werden, ist eine alternative Lösung mit Innentreppe sinnvoll. Dazu kann ein Deckendurchbruch bereits bauseits vorbereitet werden. Durch solche Flexibilität können gerade Einliegerwohnungen mit geringem Einsatz nach den Bedürfnissen und der jeweiligen Lebenssituation gestaltet werden. Wenn ein eigenes Geschoss für die Kinder konzipiert wird, kann man dieses mit einer Außentreppe erschließen, ein eigenes Bad vorsehen und auch die Installationen für den späteren Einbau einer Küche vorbereiten. Dadurch lässt sich diese Einheit nach Auszug der erwachsenen Kinder dann zudem separat vermieten. Sinnvoll ist es auch, ein Haus für ein älteres Ehepaar – auch in zweigeschossiger Bauweise – so zu planen, dass die oben angeordneten Nutzungen zweitrangig sind und, etwa im Fall einer Gehbehinderung, ohne Probleme ins Erdgeschoss verlegt werden können.

## Die Bedürfnisse der Kinder und ihre Veränderung

Das Zusammenleben mit Eltern und Großeltern ist für Kinder meist sehr schön und für alle praktisch, da fast immer Ansprechpartner da sind und für Betreuung gesorgt ist. Jedoch sollten einige Punkte beachtet werden, damit die Bedürfnisse der Jüngsten beim Mehrgenerationenwohnen angemessene Berücksichtigung finden. So ist darauf zu achten, dass das Raumprogramm nicht zuungunsten der

Kinderzimmer beschnitten wird, wie dies manchmal unter ökonomischen Zwängen geschieht. Kinder verbringen den Großteil ihrer Zeit in ihrem Zimmer, verschiedenste Funktionen müssen gut erfüllt sein: das Schlafen, das »Kuscheln«/Zurückziehen, das Basteln und Spielen am Tisch und auf dem Boden sowie bei Schulkindern auch der Arbeitsplatz. Um diesen Funktionen sinnvolle Zonen zuweisen zu können, ist eine Minimalgröße von 12 Quadratmetern notwendig, bei einer integrierten Galerie, beispielsweise bei einbezogenem Dachspitz, können auch einmal 10 Quadratmeter ausreichen. Um Kosten zu senken, wird besser das Elternschlafzimmer etwas kleiner ausfallen, denn es erfüllt nur wenige Funktionen und wird tagsüber kaum genutzt. Zudem wird ein sinnvoller Grundriss Bewegungsflächen wie Flure auf das notwendige Maß reduzieren, wodurch wiederum Flächen für wichtige Räume entstehen. Auch bei der Raumanordnung sollten die der Kinder und die Funktionen Wohnen/Essen Priorität haben, also bevorzugt nach Süden und Westen orientiert sein, reine Nordlagen sollten vermieden werden.

Da die Kinder schnell heranwachsen und mit zunehmendem Alter ein größeres Bedürfnis nach Privatsphäre entwickeln, ist es sinnvoll, die Raumstruktur des Familienheims von vornherein darauf abzustimmen. Dies kann etwa durch die Abteilung von Eltern- und Kinderbereich mittels Trennwänden, durch ein eigenes Geschoss für den Nachwuchs oder auch durch einen eigenen Kinderanbau mit separatem Eingang geschehen. Dieser gesunde Abstand kommt sicherlich auch dem Ruhebedürfnis der Eltern entgegen und erhält den Familienfrieden. Nicht zuletzt lassen sich solche abgetrennten Bereiche besonders dann, wenn sie eine eigene Erschließung und Ausstattung (Bad, Küche) haben, auch bestens alternativ nutzen – etwa zur Vermietung als Wohn- oder Büroraum.

## Ein neues Haus für die zweite Lebenshälfte

Das Lebensalter beim Hausbau spielt eine wichtige Rolle – nicht nur, aber auch hinsichtlich des Themas der Barrierefreiheit. Die Entscheidung darüber, wie das Wunschhaus oder die Wunschwohnung in der zweiten Lebenshälfte aussehen soll, hängt natürlich ganz von den individuellen Ein-

stellungen und Voraussetzungen ab. Ist etwa ein Ehepaar um die 60 sehr fit, sportlich und leistungsbereit, muss das Wohnumfeld nicht zwangsläufig von vorneherein für alle Eventualitäten der Bewegungseinschränkung ausgestattet sein – also mit Aufzügen, völlig barrierefreiem Zugang etc. Es wird in diesem Fall genügen, Vorkehrungen zu treffen, um technische Ausstattung wie Lifte oder Rampen gegebenenfalls nachrüsten zu können. Dies bietet den Vorteil, dass die entsprechenden Investitionen erst dann fällig werden, wenn die Notwendigkeit eintritt, wodurch sich die Baukosten beträchtlich reduzieren. Für eine spätere Nachrüstung kann man Geld zurückgelegen, das für den angedachten oder eben auch einen anderen Zweck eingesetzt werden kann. Hat die Bauherrschaft hingegen ein großes Sicherheitsbedürfnis und spielen finanzielle Erwägungen eine untergeordnete Rolle, so ist es überlegenswert, gleich alle vielleicht benötigten Vorkehrungen und technischen Ausstattungsteile einzubauen. Beispielhafte Projekte für beide Herangehensweisen finden sich in diesem Buch (S. 10–15 und 148–153 beziehungsweise 154–159).

Darüber hinaus gibt es weitere Faktoren, die die Gestaltung des »50+«-Hauses bestimmen sollten. So werden Ältere meist mehr Wert auf Komfort legen, etwa hinsichtlich elektronischer und automatischer Steuerungsmechanismen für Fenster, Verschattung, Energiesystem und Hauselektronik. Der Unterhalt des Wohnraums wird im Alter beschwerlicher – und nicht jeder kann dafür Pflege- und Hilfskräfte beschäftigen. Daher gilt es in der Regel, nur die wirklich benötigte Wohnfläche zu schaffen. Kommen die erwachsenen Kinder und die Enkel öfter zu Besuch, ist ein ansprechender Gästebereich empfehlenswert.

## Eingeschränkte Beweglichkeit, ungeschmälerte Wohnqualität

Im Behindertengleichstellungsgesetz (§ 4) wird der oft benutzte, meist jedoch unzureichend erklärte Begriff »Barrierefreiheit« unter anderem auch für bauliche Anlagen so definiert, dass sie »für behinderte Menschen in der allgemein üblichen Weise, ohne besondere Erschwernis und grundsätzlich ohne fremde Hilfe zugänglich und nutzbar sind«. Für öffentlich zugängliche Bauten und bei größeren Mehrparteien-Wohngebäuden (in der Regel ab 3 abgeschlossenen, nicht ebenerdigen Wohneinheiten), bestehen dafür eine Reihe von bindenden gesetzlichen Vorgaben, während die Berücksichtigung dieser Belange bei kleineren privaten Wohnbauvorhaben weitgehend der Entscheidung des Einzelnen überlassen bleibt. In den vergangenen Jahren sind viele Baugesetze und Bauordnungen um zusätzliche Regelungen zum Thema Barrierefreiheit ergänzt worden, die unter anderem den Einbau von Rampen, Aufzügen beziehungsweise alternativ von beidseitigen Handläufen an Treppen behandeln. Sind diese Vorkehrungen auch für private Bauvorhaben in der Regel nicht bindend, empfiehlt es sich doch auch hier, im Hinblick auf eine langfristige und flexible Nutzung Elemente des barrierefreien Bauens in die eigene Planung einzubeziehen.

## Barrierefreies Bauen – Umsetzung, Regelungen und Fördermöglichkeiten

Diesbezügliche Anforderungen für Deutschland finden sich bisher vor allem in der DIN 18025 Teil 1 und 2, die sich auf die bauliche Gestaltung barrierefreier Wohnungen bezieht und auch für die privaten Bauvorhaben wichtige Planungshinweise liefert. Nach DIN 18025 Teil 2 sollen »Räume, die für die Lebensführung von unmittelbarer Bedeutung sind (Wohnräume, Schlafräume, eine Toilette, ein Bad, Küche oder Kochnische, Raum mit Anschlussmöglichkeit für die Waschmaschine) u.a. ausreichende Bewegungsflächen (...) aufweisen«. Als Mindestfläche hierfür werden 120 x 120 cm genannt. Nachfolgenorm zum Thema barrierefreie Wohnungen ist die bisher nur als Entwurf vorliegende, aber beispielsweise schon für die Förderpraxis der KfW relevante DIN 18040 Teil 2. Inwieweit die Norm bereits rechtliche Gültigkeit für die Baubestimmungen des jeweiligen Bundeslands besitzt, kann am besten bei den Baubehörden der Stadt beziehungsweise des Landkreises erfragt werden. Weitere wichtige Hinweise enthält die DIN EN 81-70, die sich mit Sicherheitsregeln für die Konstruktion und den Einbau von Aufzügen sowie deren Zugänglichkeit für Personen mit Bewegungseinschränkungen befasst. Zusammen mit dem beauftragten Architekten sollten die hinsichtlich Barrierefreiheit sinnvollen und notwendigen Ausstattungselemente festgelegt werden. Viele Architektenkammern,

wie etwa die Bayerische Architektenkammer (BYAK), bieten, teils in Zusammenarbeit mit den zuständigen Ministerien, Beratungsangebote zum barrierefreien Bauen an, die allen Interessierten – also Bauherren ebenso wie Architekten – offenstehen. Die Beratungs- und Informationsangebote finden sich auf den jeweiligen Websites der Kammern.

Die wichtigsten Voraussetzungen für Barrierefreiheit sind möglichst schwellenfreie Übergänge innerhalb der Wohnebenen, sowohl zwischen den Räumen als auch zwischen Innen- und Außenraum. Plane Übergänge der Bodenbeläge und bodentief eingebaute Terrassentüren sind dafür Bedingung. Dabei muss der Bewegungsraum immer so bemessen sein, dass Rollstuhlfahrer sich gut im Raum und im Haus bewegen können. Der Planer orientiert sich bei der Umsetzung an den geltenden Bauvorschriften und DIN-Normen. Technische Vorkehrungen zur Erreichung barrierefreier Räume sind Rampen, die der stufenlosen Überwindung von Höhendifferenzen dienen und von Rollstühlen befahren werden können. Wichtig sind sie vor allem im Eingangsbereich sowie beim Übergang von der Terrasse zum Garten. Bei Treppen werden teils beidseitige Handläufe montiert, um die Begehbarkeit zu erleichtern oder, wenn bereits größere Bewegungseinschränkungen vorhanden sind, Treppenlifte eingebaut. Aufzüge sind kostspielig und kommen beim Neubau selten, beim Umbau fast nie zum Einsatz. Im Badezimmer erleichtern schwellenfreie Zugänge zur Dusche und ausreichend große Bewegungsräume, passend angebrachte Handgriffe, liftbare Waschbecken und WCs sowie ergonomisch gut handhabbare Armaturen die Nutzung und vermindern die Verletzungsgefahr.

Vor jeder Baumaßnahme sollten sich Bauherren frühzeitig nicht nur über baugesetzliche und genehmigungsrechtliche Vorgaben, sondern auch über bestehende Fördermöglichkeiten informieren. Neben den allgemeinen Zuschüssen und zinsvergünstigten Krediten zum Bauen und Umbauen sind auch spezielle Förderungen für Maßnahmen des barrierefreien Bauens verfügbar. Umfangreiche Hinweise dazu finden sich insbesondere auf den Websites des Bundesverbands der Verbraucherzentrale, der KfW-Bank und des Vereins Barrierefreies Bauen e.V. Die Kontaktadressen sind im Anhang dieses Buchs aufgelistet.

# BARRIEREFREIES DOPPELHAUS IN HIGH-END-AUSFÜHRUNG

Architektin Barbara Anetsberger, Landshut/Bayern

---

**Sie wohnen hier:** Die junge Familie mit zwei Kindern in der einen, die Großeltern in der anderen Haushälfte
**Das wurde gemacht:** Neubau eines Terrassen-Doppelhauses
**Hier befindet sich das Projekt:** Landshut/Bayern

---

Beim Mehrgenerationenwohnen muss in der Regel der ein oder andere Kompromiss gefunden werden. Nicht jede wünschenswerte altersgerechte Ausstattung und nicht alle räumlichen Ansprüche sind machbar. In diesem Fall handelt es sich jedoch gleichsam um eine High-End-Version, die zeigt, welche Möglichkeiten bei entsprechendem Budget umsetzbar sind.

## Großzügig wohnen in zwei Variationen

Zwei große Flachdachkuben in Glas und mit weißen Putzoberflächen sind höhenversetzt im rechten Winkel aneinandergebaut, sodass ein gemeinsamer Eingangshof entstanden ist. Das näher zur Straße gelegene Wohnhaus der jungen Familie mit zwei Kindern wendet sich auf zwei Geschossen mit Glasecken zum Außenraum, der Eingang präsentiert sich als hoch transparentes, einladendes Entree. Im Erdgeschoss befinden sich neben Garage und Haustechnik die Zimmer der Eltern (mit integrierter Ankleide) und der beiden Kinder, darüber die gemeinsamen, großzügig dimensionierten Aufenthaltsbereiche mit zugeordneter Terrasse sowie einem Büro.

Für die zwei Haushälften hat die Architektin ein gestalterisches Gesamtkonzept entwickelt, das auch die individuelle Ausstattung der Innenräume einschließt. In beiden Fällen wurden wirkungsvoll »kalte« Elemente wie Sichtbetonwände, in die Einbauleuchten integriert sind, mit »warmen« geölten Böden aus massiver Eiche kombiniert. Bei den Treppen treffen sich der Massivholzbelag und die Geländer mit Brüstungen aus rohem Stahl. Sämtliche Einbaumöbel wie Schränke, Regale, Esstisch, Arbeitskanzel und Küche wurden von Barbara Anetsberger individuell geplant und von den Handwerkern gefertigt. Die großen Glasflächen machen das Ambiente selbst bei bedecktem Himmel angenehm freundlich.

Links: Ansicht des ins Gelände eingebetteten Doppelhauses von Süden

Rechte Seite: Die beiden rechtwinklig zueinander angeordneten Kuben. Über den gemeinsamen Eingangshof führt rechts der Weg zum Domizil der jungen Familie, dahinter ebenerdig zum Ateliergeschoss und zum Wohnbereich der Großeltern.

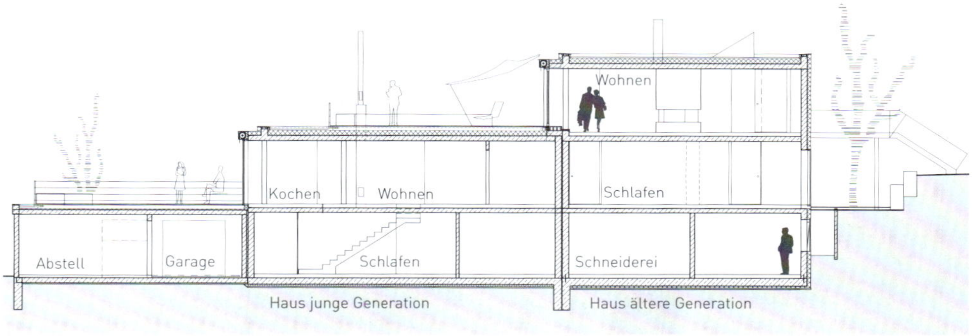
Wohnen
Kochen
Wohnen
Schlafen
Abstell
Garage
Schlafen
Schneiderei
Haus junge Generation
Haus ältere Generation

Schnitt

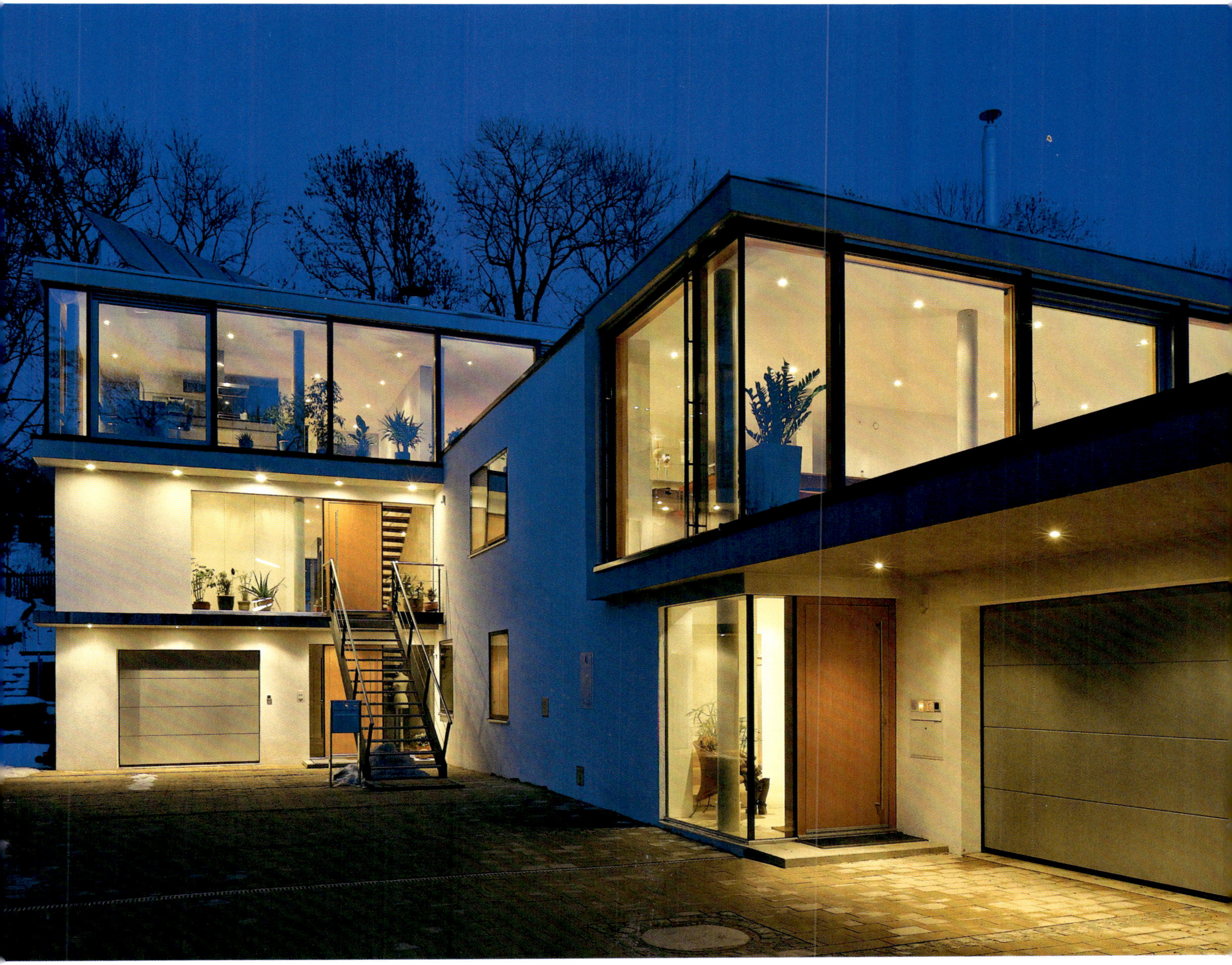

Oben: Die offene Küche im Wohnhaus der jungen Familie, mit
schwellenfreiem Zugang zur Dachterrasse

### Barrierefrei leben

Das Haus der Großeltern ist vom Hof aus entweder über die
ins Wohngeschoss führende Treppe oder ebenerdig über
das Kellergeschoss zu erreichen. Von der Eingangsebene
betritt man den Garten ebenerdig über eine die Hausrück-
seite umschließende Terrasse, vom Wohnungsgeschoss
über eine halbgeschossige Außentreppe. Alle drei Ebenen dieses Hauses sind nicht nur durch eine Innentreppe,
sondern auch durch einen Aufzug miteinander verbunden.
Komplett verglast, wird dieser zum Teil des Innenraums
und verleiht der Erschließungszone eine besondere architektonische Qualität. Die Bäder speziell im Haus der älteren Generation sind besonders groß bemessen, weisen viel
Bewegungsraum auf und sind, ebenso wie das ganze Haus,
barrierefrei konzipiert. Auch die Terrasse und die Loggia
erreichen die Bewohner, ohne irgendwelche Schwellen

überwinden zu müssen. So können sie auch später einmal
in ihren eigenen vier Wänden überallhin gelangen, wenn
das Gehen nicht mehr so leicht fällt beziehungsweise ein
Rollstuhl notwendig werden sollte.

### Energetisch auf höchstem Standard

Wie schon die Solarpaneele auf dem hinteren Gebäude
signalisieren, haben die Bauherren auch bei der Energieversorgung Wert auf einen hohen Standard gelegt. Effizienz
und Nachhaltigkeit standen bei der Wahl des Systems im
Vordergrund. Letztlich entschied man sich für die Kombination von kontrollierter Be- und Entlüftung und einer solar
unterstützten Erdwärmepumpe inklusive Fußbodenheizung
und Deckenkühlung. Kamine sorgen im Winter für angenehme Atmosphäre. So besteht im Sommer wie Winter
immer bestes Wohnraumklima.

Oben: Wohn- und Essbereich der Großeltern mit Zugang zu Dachterrasse und gedeckter Loggia

Unten links: Der Wohnraum der Großeltern mit offenem Kamin und Einbaumöbeln, die von der Architektin geplant wurden

Unten rechts: Barrierefreie Haustechnik und Innenraumdesign im Einklang: Der gläserne Aufzugschacht vor einer durchgehenden Wandscheibe aus Sichtbeton

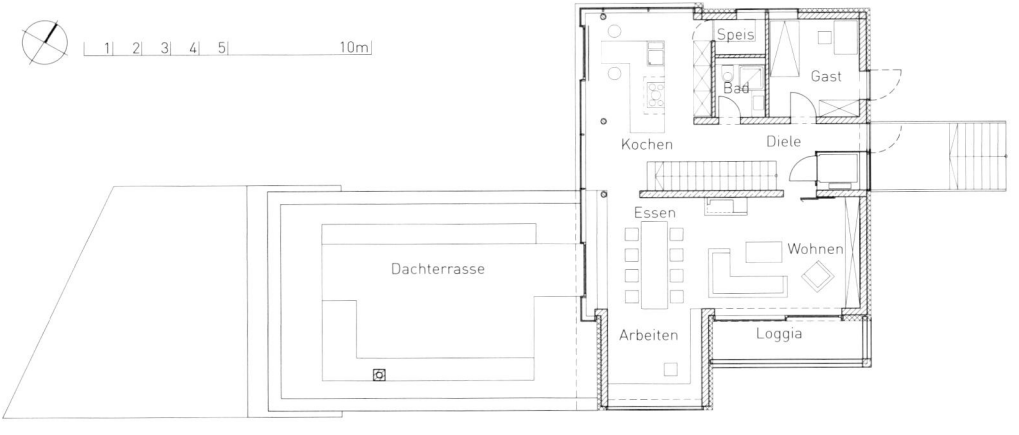

Obergeschoss Haus 2

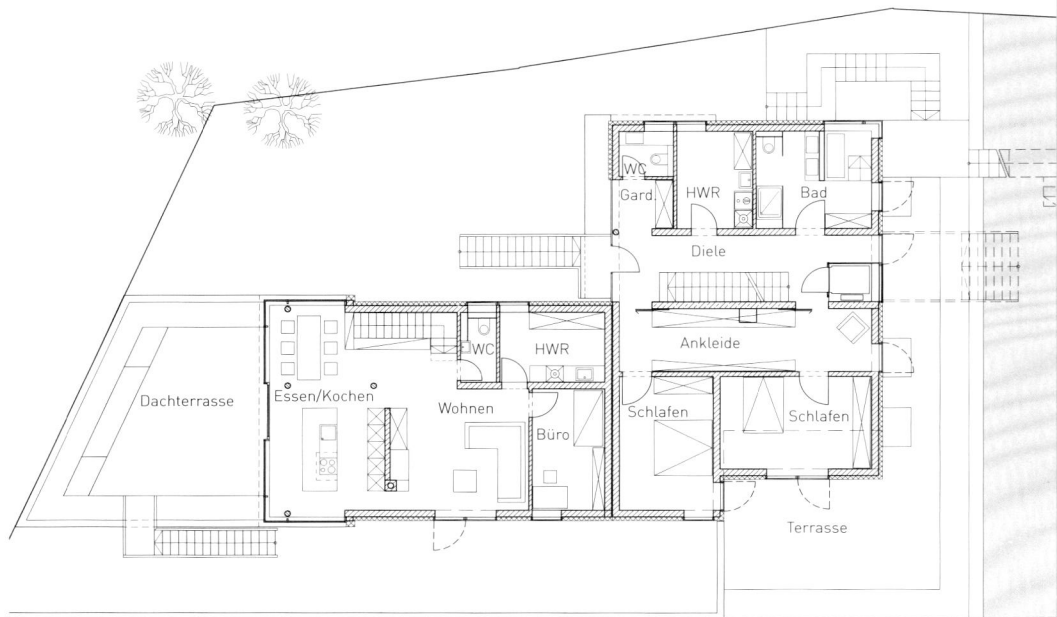

Obergeschoss Haus 1 / Erdgeschoss Haus 2

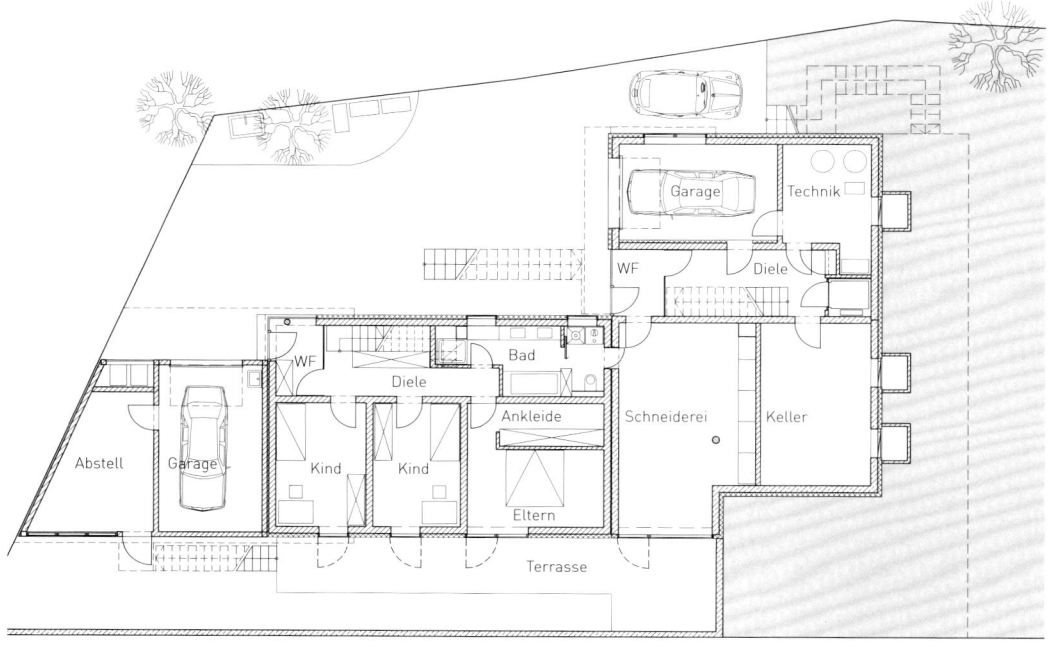

Erdgeschoss Haus 1 / Keller Haus 2

## Besonderheiten:

→ Barrierefreiheit durch Aufzug

→ verschränkte Nutzungszonen

→ Zugang zum Außenbereich von jeder Ebene

→ schwellenfreie und großzügig dimensionierte Räume (Wohnen, Bäder)

## Baudaten:

**Bauzeitraum:** 2008 (9 Monate)

**Grundstücksgröße:** ca. 973 m²

**Wohnfläche:** Haus 1 (junge Generation) 178 m² zuzüglich 68 m² Terrassen, Haus 2 (ältere Generation) 274 m² zuzüglich 67 m² Nutzfläche (Schneideratelier) und 102 m² Terrassen

**Bruttorauminhalt (BRI):** Haus 1 782 m³, Haus 2 1.255 m³

**Bauweise:** massiv (außen Ziegelmauerwerk, gedämmt und verputzt; innen Sichtbeton und Ziegelmauerwerk)

**Energiekonzept:** kontrollierte Be- und Entlüftung mit Wärmerückgewinnung, solar unterstützte Erdwärmepumpe als Zentralheizung

**Heizenergiebedarf/Jahr:** 54,97 kWh/m²

**Gesamtkosten (inklusive Honorare, Steuern und Nebenkosten, ohne Ausstattung, ohne Außenanlagen):** ca. 939.000 Euro

Links oben: Die zentrale Erschließungsachse mit der filigran wirkenden, den Raumzusammenhang zurückhaltend strukturierenden Stahltreppe

Links: Großzügiges, barrierefreies Elternbad mit Zugang zur umlaufenden Terrasse.

# DREI FAMILIEN-WOHNEINHEITEN UNTER EINEM DACH

Berktold Bertsch Architekten, Dornbirn (Österreich)

**Sie wohnen hier:** Zwei Brüder mit ihren Familien in je einer Wohnung, die Großtante in der Einliegerwohnung
**Das wurde gemacht:** Neubau eines Hauses mit drei Wohneinheiten
**Hier befindet sich das Projekt:** Vorarlberg (Österreich)

Wenn es um das Zusammenleben mehrerer Generationen geht, verbindet man dies spontan mit Eltern, Kindern und deren Familien. Nicht zu Unrecht, stellt dies doch sicherlich den häufigsten Fall dar. Wie das Beispiel in einem Vorarlberger Ort zeigt, geht es aber auch anders: Hier entschieden sich zwei Brüder um die dreißig mit ihren beiden Familien, zusammen mit der knapp 80-jährigen Großtante zu wohnen. Die beauftragten Architekten Susanne Bertsch und Philipp Berktold fanden dafür eine perfekte architektonische Lösung.

## Verschränkte Wohneinheiten

Da der Bauplatz genau zwischen der Zufahrtsstraße und einem Hang gelegen ist, bot sich eine mehrgeschossige Bauweise an. So konnten die oberen Geschosse vom öffentlichen Raum abgesetzt und gleichzeitig der Ausblick aus den Wohnungen in die Landschaft ermöglicht werden. Über zwei getrennte Eingänge betritt man das Haus ebenerdig, die Autos werden in integrierten Carports abgestellt. Hangseitig sind hier unten ansonsten nur Fahrradabstell-, Technik- und Lagerräume untergebracht. Gewohnt wird auf den beiden oberen Ebenen, wobei sich das als Einliegerwohnung konzipierte Apartment der Großtante mit seinen 46 Quadratmetern Fläche auf das erste Obergeschoss beschränkt. Eine sechs Quadratmeter große, in das Gebäude integrierte und damit vor der Witterung geschützte Loggia erweitert den Wohnraum. Die Großneffen mit ihren Familien leben jeweils auf zwei Geschossen, die Wohnungen umfassen die Einliegerwohnung der Tante, die bei Bedarf auch mit den anderen beiden Einheiten zusammengeschaltet werden kann – wichtig zum Beispiel, falls die Großtante einmal pflegebedürftig werden sollte. Die östliche Wohnung hat zum Ausgleich für ihre gegenüber der westlichen etwas geringere Wohnfläche eine Dachterrasse bekommen. Weitere, große Terrassen mit Aussicht auf Felder und Wald, die gerne zum gemeinsamen Frühstück genutzt werden, befinden sich auf der Nordostseite, von der ein direkter, ebenerdiger Zugang in das Obergeschoss möglich ist.

## Wohnlichkeit und Wärme

Zur freien Landschaft hin wurden wegen des schönen Ausblicks relativ große Fenster vorgesehen, obwohl es sich um die Nordostseite handelt; die zur Straße orientierte Südwestfassade musste im Bereich der Wohn- und Esszonen schon aus energetischen Gründen mit großen Glasflächen

Linke Seite: Ansicht des Dreiparteienhauses von Norden. Perfekt in die Form des Geländes eingeschrieben, sucht die Architektur bewusst den Bezug zur Natur – nicht nur durch seine ökologische, nachhaltige Bauweise und seinen geringen Energiebedarf, sondern auch durch die Erhaltung des alten Walnussbaums (links im Bild).

Unten: Ansicht der Nordostseite, die den Ausblick in die Landschaft inszeniert: markant flächenbündige, liegende Fenster im zweiten Obergeschoss, darunter eine einladende großflächige Schiebetürverglasung zum Wohnraum. In der Mitte befindet sich die Einliegerwohnung der Großtante. Die vorgelagerten großen Terrassen fangen auch am frühen Nachmittag noch viel Sonne von Süden ein. Im Hintergrund die für das Dorf identitätsstiftende Bergkette mit dem Vorderälpele und den Drei Schwestern.

versehen werden, um die Sonnenstrahlung zur Erwärmung des Gebäudes nutzen zu können. Die darüber untergebrachten Schlaf- und Kinderbereiche erhielten wegen ihres privateren Charakters kleinteiligere, versetzt in die Fassade integrierte Fenster. Die silberfarbenen Aluminiumrahmen treten in reizvollen Farb- und Materialkontrast zur allmählich vergrauenden Weißtannenfassade. Das großenteils aus der Umgebung stammende Holz wurde auch beim Innenausbau eingesetzt – sei es für Küchen, Schränke oder sonstiges Mobiliar. Sehr praktisch sind die langen, an den Fenstern entlanglaufenden Sitzbänke mit integriertem Stauraum. Auch die in Sitzhöhe eingebauten, auskragenden Fenster im Wohngeschoss nutzen die Bewohner dank ihrer großen Tiefe gerne als alkovenartige Ruhenischen. Als Wärmequelle für die kälteste Zeit und die Warmwasserbereitung dient eine Sole-Erdwärmepumpe, der Heizenergiebedarf liegt fast im Bereich eines Passivhauses.

Oben: Das Reich der Großtante: Der vor Einblicken gut geschützte Wohnraum der Einliegerwohnung mit vorgelagerter Loggia

Linke Seite oben: In der östlichen Wohnung: Die individuell geplanten und hergestellten Möbel aus heimischer Weißtanne unterteilen den Raum. Sämtliche Bodenflächen bestehen aus geschliffenem Estrich mit Fußbodenheizung. Um die Anzahl der verarbeiteten Materialien auf ein Minimum zu beschränken, wurde auch die Arbeitsplatte der Küche aus geschliffenem Beton gefertigt.

Linke Seite unten links: Wohn- und Essbereich mit Ausblick auf den gemeinsamen Garten, der mit Morgensonne auch zum Frühstück im Freien einlädt.

Linke Seite unten rechts: Das nach Art historischer Erker zur Straße hin auskragende Panoramafenster dient als Sitznische mit Ausblick auf die Berglandschaft.

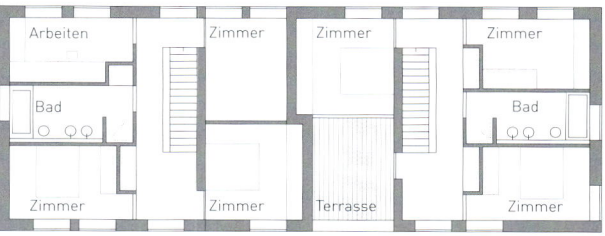

2. Obergeschoss

Linke Seite oben: Straßenfassade mit den integrierten Freibereichen, die den Baukörper gestalten: Vorplatz, Loggia, Terrasse im zweiten Obergeschoss und Dachterrasse. Die Anordnung der flächenbündigen Fenster unterstreicht die Körperhaftigkeit des Bauvolumens, die innere Nutzung und Aufteilung der Geschosse und Räume bleibt offen.

Linke Seite unten links: Die verglasten Eingänge treten aus dem Baukörper einladend hervor. Als interaktive »Schleuse« und Puffer zum Straßenraum dient die darin integrierte Garderobe.

Linke Seite unten rechts: Die zusammenhängenden Terrassenflächen vor den Wohnbereichen werden künftig noch durch Bambuspakete optisch zoniert. Dabei sind die Zonen direkt vor den Ausgängen geschützter als die weiter von der Fassade entfernten Bereiche, um so den Grad der Privatsphäre abzustufen.

1. Obergeschoss

## Besonderheiten:

→ flexible Grundrissgestaltung (Nachnutzung durch Zusammenlegen aller Flächen, Kleinwohnungen etc.)

→ vielfältige Nutzungsmöglichkeiten der Einliegerwohnung (Eigennutzung, Vermietung, Gemeinschaftsraum, Kinderbereich, Büro, erweitertes Wohnzimmer etc.)

→ barrierefreies Erdgeschoss, barrierefreier Zugang zum ersten Obergeschoss durch den Garten

→ kurze Wege durch direkte Zuordnung von Wohn-, Ess- und Kochbereichen und Terrassen

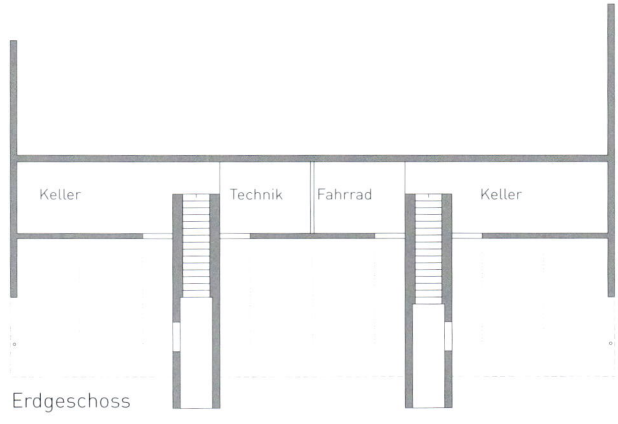

Erdgeschoss

## Baudaten:

**Bauzeitraum:** 2008–2010
**Grundstücksgröße:** ca. 875 m²
**Wohnfläche:** 290 m² gesamt (Wohnung Ost 115,5 m², Wohnung West 128,5 m², Einliegerwohnung 46 m²) zuzüglich 108 m² Terrassen
**Bruttorauminhalt (BRI):** 1.425 m³
**Bauweise:** massiv (erdberührte Bauteile im Erdgeschoss WU-Stahlbeton, 1. OG und 2. OG Holzrahmenbauweise)
**Energiekonzept:** Sole-Erdwärmepumpe mit Tiefenbohrung als Zentralheizung
**Heizenergiebedarf/Jahr:** 17,85 kWh/m²
**Gesamtkosten:** keine Angaben

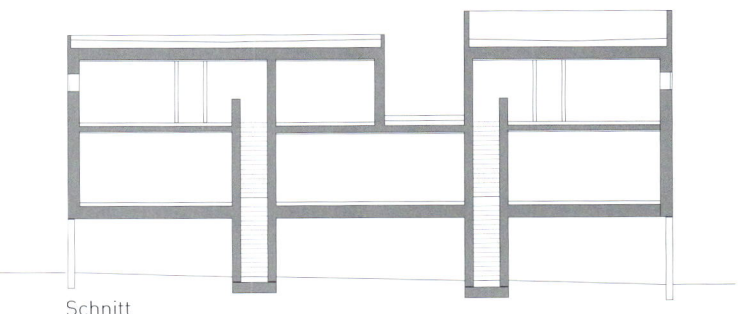

Schnitt

# NÄHE UND ABSTAND: ANBAULÖSUNG FÜR FAMILIE UND GROSSMUTTER

Architekt Karim El Ansari, Herborn/Hessen
Projektmitarbeiterin: Sandra Seibert

**Sie wohnen hier:** Die junge Familie mit drei Kindern im Hauptgebäude, die Großmutter im kleineren Gebäude nebenan
**Das wurde gemacht:** Neubau eines Einfamilienhauses mir separater Einliegerwohnung
**Hier befindet sich das Projekt:** Lahn-Dill-Kreis/Hessen

Ist einmal die Entscheidung für das gemeinsame Wohnen von Alt und Jung getroffen, stellt sich immer die Frage, wie die Wohneinheiten sinnvoll angeordnet werden können. Zentraler Punkt ist es dabei, ob die Parteien eher unter einem Dach wohnen möchten oder ob sie separate Gebäude bevorzugen. Bei diesem Projekt im nördlichen Hessen waren sowohl die junge Familie als auch die Großmutter für zwei getrennte Gebäude, da sie so Nähe und Distanz am besten im Einklang sahen – eine zeitgemäße Variante des dörflichen Mehrgenerationenwohnens also, die das »Zusammen« mit Rückzugsmöglichkeiten verbindet.

## Mehrgenerationenkonzept mit Wohnmehrwert

Architekt Karim El Ansari verstand es, die Anforderungen in klare, kubische Formen zu gießen. Die Fassaden sind klar strukturiert, es dominieren wenige, einheitliche Fensterformate und Materialien. Auch im Inneren war planvolle Bescheidung Trumpf, als einheitlichen Bodenbelag in den Wohnräumen des Erdgeschosses wählte man Eichenparkett, dessen Holz in der Region erzeugt wurde. Der zweigeschossige Baukörper für die junge Familie und ihre drei Kinder geht sparsam mit Wohnfläche um, vermittelt aber dank der guten Raumausnutzung ein sehr angenehmes Wohngefühl. Wegen des Flachdachs gibt es keine Dachschrägen, beide Geschosse sind gleich gut nutzbar. Das direkt angebaute, aber nicht intern verbundene »Senioren-Haus« profitiert nicht nur vom Bungalow-typischen Leben auf einer Ebene, sondern auch von der schwellen- und barrierefreien Planung, die den ebenerdigen Zugang zum Autoabstellplatz mit einschließt. Zugunsten des Bewegungsraums und Wohnkomforts hat man in der Seniorenwohnung auf Innentüren weitgehend verzichtet, was gerade bei einem Singlehaushalt problemlos möglich ist.

**Links:** Die hellen und dunklen Grautöne der Fassaden binden die Architektur gut in die Umgebung ein. Rechts der Anbau für die Großmutter. Der vorhandene Apfelbaum (ganz links im Bild) wurde als Spielbaum und Schattenspender erhalten.

**Rechte Seite:** Ansicht des Hauptgebäudes von Südosten. Die beiden Terrassen sind klar den jeweiligen Gebäudeteilen zugeordnet, gehen jedoch schwellenlos ineinander über.

Die – vom Bauherrn in Eigenleistung errichtete – Medienwand trennt Wohn- und Essbereich. Der offene Grundriss verleiht den Räumen Großzügigkeit.

Der Küchenbereich ist Dreh- und Angelpunkt des Familienlebens und steht damit ganz in der Tradition ländlicher Lebensweise.

Übereckfenster, wie hier in einem der Kinderzimmer, bieten attraktive Ausblicke in die Landschaft.

Auch im Anbau mit der Großmutterwohnung setzt sich die offene Grundrissgestaltung konsequent fort. Trotz kleinerer Wohnfläche kommt so kein Gefühl von Enge auf. Die barrierefreie Planung der eingeschossigen Einheit schafft nachhaltigen Wohnwert.

Esszimmer und Küche in direkter Blickbeziehung

### Anbaulösung mit vielen Vorteilen

Die Entscheidung, beide Baukörper direkt aneinanderzu-
bauen, ist nicht nur deshalb sinnvoll, da so die Baukosten
vermindert werden, kalte Außenmauern wegfallen und sich
die Energiebilanz verbessert. Zudem ist es bei eventueller
späterer Pflegebedürftigkeit der Großmutter möglich, die
Wand zu durchbrechen und so eine interne Verbindung zu
schaffen. Die L-Form des Hauptgebäudes sowie die versetzte Stellung der aneinander gebauten Kuben schaffen
sinnvolle Raumbeziehungen; so entstand auf der Zufahrts-
seite mit den beiden Eingängen eine Art geschützter Hof-
raum, der auch als Begegnungsplatz gedacht ist und gerne
genutzt wird. Ferner ist durch das südseitige Abrücken des
größeren Hauses im Eck eine Terrasse für die Großmutter
entstanden. Der Außensitzplatz der jungen Familie befindet
sich davon etwas getrennt auf der Westseite, ebenfalls mit
Blick auf die südlich anschließende freie Landschaft.

## Besonderheiten:

→ weitgehend schwellenfreie Wohnebenen

→ ebenerdige Zugänge für beide Parteien

→ barrierefreie Seniorenwohnung im Anbau

→ Wohneinheiten mit direktem Zugang zu den Autostellplätzen

## Baudaten:

**Bauzeitraum:** 2008–2009 (13 Monate)
**Grundstücksgröße:** ca. 1.491 m²
**Wohnfläche:** zweigeschossiges Gebäude ca. 238 m² zuzüglich 35 m² Nutzfläche und 55 m² Terrassen, eingeschossiges Gebäude ca. 76 m² zuzüglich 20 m² Terrasse
**Bruttorauminhalt (BRI):** 1.348 m³
**Bauweise:** massiv
**Energiekonzept:** Erdwärmepumpe als Zentralheizung
**Heizenergiebedarf/Jahr:** 73,20 kWh/m²
**Gesamtkosten (inklusive Honorare, Steuern und Nebenkosten):** 550.000 Euro

Oben: Hauptgebäude und Anbau sind U-förmig angeordnet und bilden eine hofartige Eingangssituation.

Rechte Seite oben: Blick auf den Anbau von Südosten. Die pfostenlose Eckverglasung ermöglicht ungehinderte Ein- und Ausblicke.

Rechte Seite unten: Der großflächig überdachte Eingangsbereich ist gleichzeitig einer der Begegnungspunkte der Familie. Links der Eingang zur Seniorenwohnung

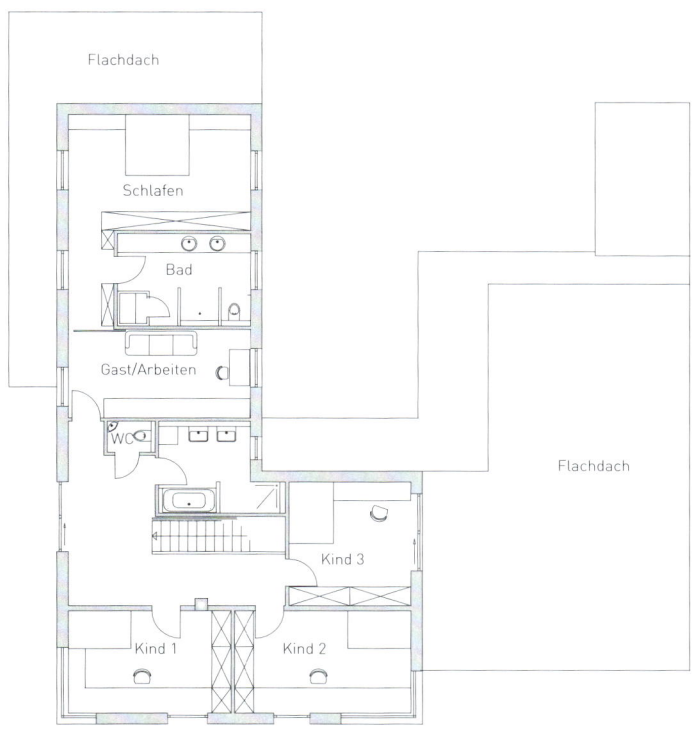

Obergeschoss

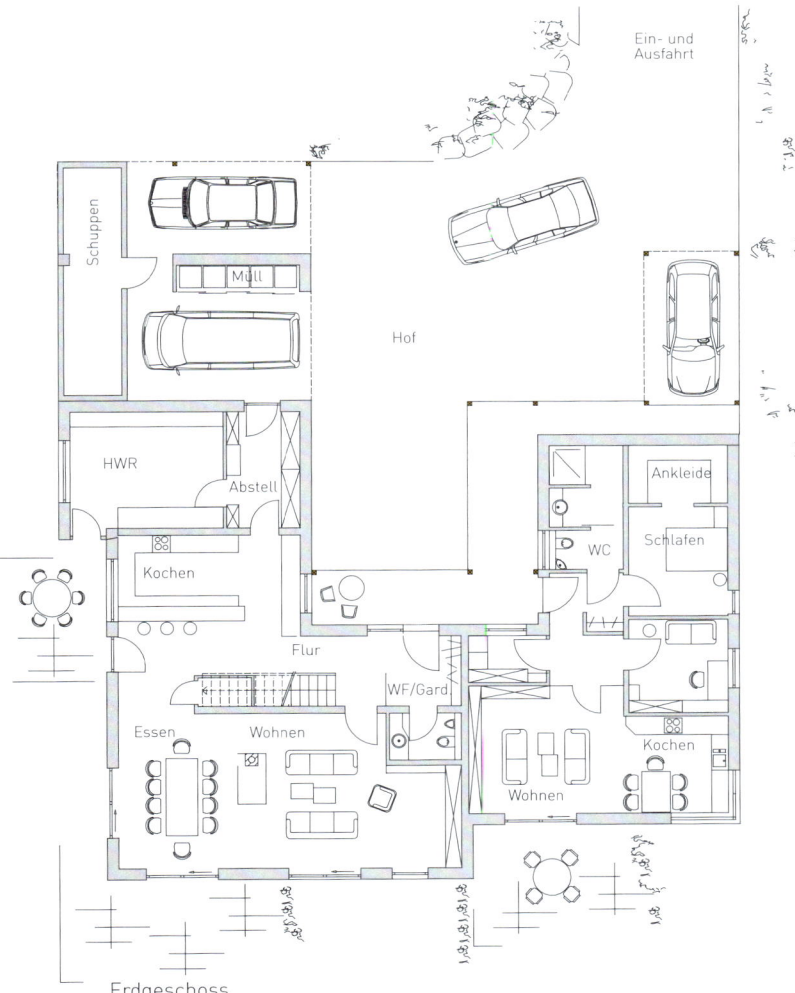

Erdgeschoss

# UNTER EINEM DACH: ZWEIFAMILIENHAUS IN NEUER VERSION

gerstmeir architekten, München

**Sie wohnen hier:** Die junge Familie mit zwei Kindern im Obergeschoss, die Großeltern im Erdgeschoss
**Das wurde gemacht:** Bau eines Zweifamilienhauses mit gemeinsamem Eingang
**Hier befindet sich das Projekt:** bei Landshut/Bayern

In früheren Zeiten war das Zusammenleben von Jung und Alt unter einem Dach, mit einem gemeinsamen Eingang, normal. Diese klassische Zweifamilienhaus-Struktur hat gerade beim Mehrgenerationenwohnen nach wie vor ihre Berechtigung. Sie erlaubt bei nicht allzu großem Platzbedarf einen effizienten Einsatz der finanziellen Mittel und bietet viele Vorteile für das Zusammenleben. Der Münchner Architekt Thomas Gerstmeir hat die Wohntradition in ein ganz heutiges Gewand gekleidet und ihr ein zeitgemäßes Innenleben gegeben.

## Räume gemeinsam nutzen, miteinander leben

Dass das Zusammenleben von Jung und Alt unter einem Dach hier ausgezeichnet funktioniert, ist dem engen Verhältnis der Generationen geschuldet, aber sicherlich auch eine Folge der sinnvollen architektonischen Trennung und Vereinigung von Funktionen. Die Wohnung der Großeltern befindet sich im Erdgeschoss, die der jungen Familie im Obergeschoss. Jeweils als abgeschlossene Einheiten konzipiert, hat so jede Teilfamilie das gewünschte Maß an Privatheit. Gleichzeitig gehört es zum Konzept, dass Funktionsräume wie etwa die Waschküche nur einmal vorhanden sind und zusammen benutzt werden. So trifft man sich dort, auf der gemeinsamen Treppe oder etwa auch im Hobbyraum; der Kontakt wird im alltäglichen Leben gepflegt, ohne dass man sich in seinem jeweils eigenen Bereich zu nah »auf die Pelle« rücken müsste. Im Garten dient die nach Südwesten orientierte, auf der Nordseite angelegte Gemeinschaftsterrasse als wichtiger, vor allem an lauen Sommerabenden von allen Generationen gerne genutzter Treffpunkt.

Links: Die Straßenfassade des Hauses mit großen, schwellenlos an die Wohnräume anschließenden Balkonen und verschiebbaren Sonnen- und Sichtschutzläden. Die untere Wohnung gehört den Großeltern, die Einbindung ins Dorfleben ist durch den »Kommunikationsbalkon« stets gesichert.

Rechte Seite: Ansicht des Gebäudes vom Garten. Über die Treppen oder über den Rasen gelangt man direkt zur gemeinsam genutzten Terrasse (links) und ins Geschoss der Großeltern. Das Gelände ist so angelegt, dass ohne großen Aufwand auch rollstuhlgerechte Wege oder Rampen gebaut werden könnten.

Unten links: Koch- und Essbereich mit Kaminofen

Unten Mitte: In den Kinderzimmern konnten aufgrund der Raumhöhen Schlafgalerien eingebaut werden, die sowohl die Wohnfläche vergrößern als auch die Aufenthaltsqualität deutlich steigern.

Unten rechts: Die gemeinsame Treppe ist im Hinblick auf gute Begehbarkeit großzügig dimensioniert und mit einem organisch geformten, haptisch angenehmen Handlauf beziehungsweise Brüstungsband versehen.

## Optimaler Bewegungsraum für alle Fälle, Platz für alle Familienmitglieder

Beide Einheiten sind durchgehend schwellenlos ausgeführt, es gibt keinerlei Höhendifferenzen zu überwinden. Auch auf die Balkone gelangen die Bewohner ohne Stolperfallen. Dadurch ist für den Fall vorgesorgt, dass sich bei den Großeltern Gehprobleme einstellen sollten. Der Wohnungsflur ist in beiden Wohnungen mit knapp 1,80 Meter so breit dimensioniert, dass er von Rollstuhlfahrern bequem benutzt werden könnte. Zudem kann die untere Wohnung über den Garten erreicht werden, bei Bedarf ist die Nachrüstung einer Rampe möglich. Unnötiges Treppensteigen wurde durch die Einplanung eines Wäsche-Abwurfschachts vermieden, sodass der Gang zur Waschküche seltener nötig ist – außerdem nimmt die Tochter auch gerne die Wäsche der Eltern beim Weg nach unten mit.

Während Erd- und Obergeschoss nicht zuletzt aus Kostengründen fast identische Grundrisse aufweisen und annähernd gleich groß sind, bekam die junge Familie unter dem Dach noch einige Schlafgalerien hinzu, die in das Elternschlafzimmer beziehungsweise in die Kinderzimmer integriert und von dort über raumsparende Treppen zu erreichen sind.

Linke Seite: Wohnbereich der jungen Familie mit Ausblick zum Balkon

Unten: Das Wohnzimmer lässt den Großeltern viel Bewegungsraum, der schwellenlose Weg zum Balkon ist freigehalten.

## Weißer Kubus mit traditionellem Charakter und zeitgemäßer Funktionalität

Um das Haus etwas aus dem Hang herauszuheben, viel Licht hereinzuholen und einen guten Ausblick über die niedrigeren Häuser des Dorfs zu haben, sind die Wohngeschosse erhöht angeordnet. Auf Straßenniveau befinden sich neben dem ersten Hauseingang nur die Garagen, Abstell- und Technikräume, die Waschküche sowie ein kleines Bad. Das Zweifamilienhaus orientiert sich in seinen Oberflächen und seiner warmen Materialität mit Ziegelmauern, weißer Putzfassade, Holzfenstern und Innenausbau in geöltem Naturholz an traditionellen Vorbildern. Die kubische Form des Baukörpers und die Fassaden, mit kleinen Fenstern auf der sonnenabgewandten Seite und großen Öffnungen zur Sonne hin, sind klar und modern. Das kosteneffizient hergestellte Pultdach erlaubt es, alle Geschosse bestmöglich auszunutzen. Ein Balkonbau aus verzinktem Stahl, der im Obergeschoss in die Kinder-Terrasse übergeht, dient als kommunikativer Freibereich. Insbesondere die ältere Generation nutzt diesen Aufenthaltsplatz gerne zu einem Schwätzchen, wenn Bekannte auf der unmittelbar angrenzenden Dorfstraße vorbeikommen. Der untere Balkon wird dabei vom oberen beschattet, welchen wiederum ein Pergola-artiger Sonnenschutz mit Sonnensegel vor Überhitzung schützt. Zusätzlich können die Holzschiebeläden genau in die Position gefahren werden, wo sie gerade benötigt werden.

Unten: Koch- und Essbereich in der Großelternwohnung

Untergeschoss

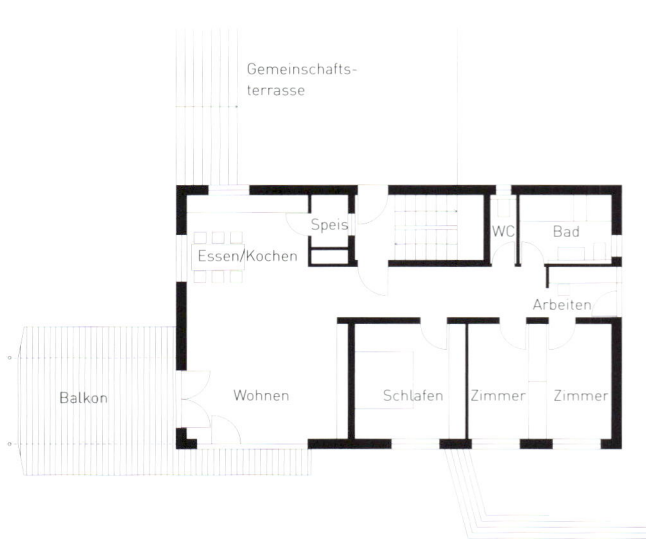

Erdgeschoss

## Besonderheiten:

→ gemeinsame Nutzung von Hobbyraum, Waschküche, Garten und Garage durch beide Familienteile

→ schwellenlose Ausführung innerhalb der Geschosse

→ zusätzliche ebenerdige Erschließung über den Garten

→ zusätzliche Einrichtungen wie Rampen nachrüstbar

→ Balkon der Großelternwohnung als Kommunikationsort mit Bekannten aus dem Dorf (auch im Alter/ mit Rollstuhl möglich)

→ Kinderzimmer mit integrierten Schlafgalerien

## Baudaten:

**Baufertigstellung:** 2008
**Grundstücksgröße:** ca. 1.300 m²
**Wohnfläche:** 252 m² (Wohnung im EG 102 m², Wohnung im OG 102 m² und ca. 20 m² Galerien) zuzüglich 120 m² Nutzfläche und 65 m² Terrassen
**Bruttorauminhalt (BRI):** 1.280 m³
**Bauweise:** massiv (Stahlbeton und Ziegelmauerwerk, verputzt)
**Energiekonzept:** Brennwerttherme als Zentralheizung, passive Nutzung der Solarenergie
**Gesamtkosten (inklusive Honorare, Steuern und Nebenkosten):** 375.000 Euro

Linke Seite: Der holzbeplankte Balkon vor dem Wohnraum weitet sich zur Terrasse auf.

Unten: Die gemeinsame große Terrasse hinter dem Haus

Obergeschoss

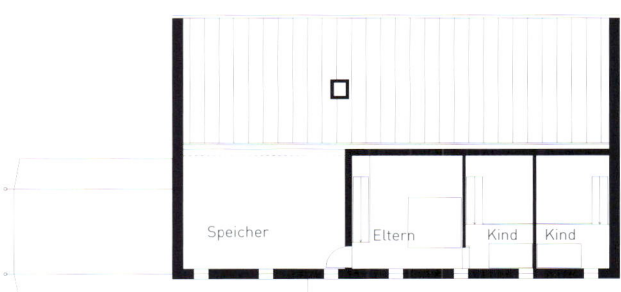

Dachgeschoss

# FLEXIBLE RAUMLÖSUNGEN FÜR DREI GENERATIONEN

Architekt Armin Hägele, Eching/Bayern

Die optimale Gestaltung des Zusammenlebens bei gleichzeitiger Abgrenzung ist ein ebenso wichtiger Baustein des Mehrgenerationen-Wohnens wie die Flexibilität der Architektur. Das von Armin Hägele geplante Projekt bei München zeigt für beide Aspekte beispielhafte Lösungen auf, indem es zwei Doppelhaushälften durch einen gläsernen, zweigeschossigen Zwischenbau verbindet und dazu ein variantenreiches Raumkonzept liefert.

## Flexible Erschließung

Der architektonisch interessante, verglaste Bau zwischen beiden Haushälften dient als Lichtquelle und Wärmepuffer, ermöglicht aber vor allem auch flexible Erschließungsvarianten. Zurzeit verbindet sie in erster Linie den erdgeschossigen Wohn-Essbereich mit den Schlafräumen im Obergeschoss. Eine große Tür auf der Westseite bietet einen zweiten Zugang, der bis zum Anliegerweg barrierefrei gestaltet werden kann.

Links: Bei Ankunft über den Anliegerweg besteht eine Parkmöglichkeit vor dem Haus und von dort ein direkter, ebenerdiger Zugang über das Kellergeschoss.

Rechte Seite: Ansicht von Westen mit dem zweiten, barrierefreien Zugang. Durch den Versatz der zweiten Haushälfte entsteht ein geschützter Terrassenbereich.

Linke Seite: Blick durch den Essbereich in den Garten. Die bodentief eingebauten Falt-schiebetüren lassen sich weit öffnen und machen den Innen- zum Außenraum.

Linke Seite unten links: In der »Glasschleu-se«: Treppe vom Erd- ins Obergeschoss. Hinten der westseitige Eingang

Linke Seite unten Mitte: Die gläserne Verbin-dungsfuge belichtet beide Haushälften und gewährleistet mit ihren differenzierten Er-schließungsmöglichkeiten eine sehr flexible Grundrissgestaltung.

Linke Seite unten rechts: Wohnraum im Erd-geschoss mit gefalteter Treppe und Glastür zum Wohnzimmer

Rechts oben: Das Kinderzimmer auf der Ost-seite mit großer, bodentiefer Verglasung

Rechts: Blick ins Elternbad

## Ein Grundriss mit vielen Variationsmöglichkeiten

Auch ansonsten wurde bei der Gestaltung des Grundrisses an alle Unwägbarkeiten und möglichen Variationen ge-dacht. So kann in der südlichen Gebäudehälfte eine zweite Treppe vom Unter- über das Erd- bis zum Obergeschoss mit Galerieebene eingebaut werden; die hierfür nötige De-ckenöffnung ist bereits statisch berücksichtigt. Die Wand des Südhauses zum Treppenhaus könnte ohne großen Aufwand geschlossen werden. So wäre mit wenigen Ein-griffen eine komplette Abkoppelung für vielfältige Nutzun-gen möglich – beispielsweise dann, wenn das angestrebte Modell, Eltern und Kinder in der einen, Großeltern in der anderen Haushälfte, einmal modifiziert werden muss. Oder es könnte auch die südliche Haushälfte an eine zweite Fa-milie vermietet oder alternativ als Büro mit Raumreserven verwendet werden. Ferner könnte man im Erdgeschoss des Südhauses eine Einliegerwohnung einrichten und so eine dritte Wohneinheit gewinnen. Der Eingang würde zum heutigen Arbeitszimmer verlegt, das dann in Windfang, WC und Abstellraum aufgeteilt würde. Die Einliegerwohnung bietet sich etwa als Bleibe für Jugendliche beziehungs-weise erwachsene Kinder oder für einen Großelternteil an. Letzteres ist insofern besonders sinnvoll, als das Leben sich hier auf einer Ebene und zudem völlig barriere- und schwellenfrei abspielt.

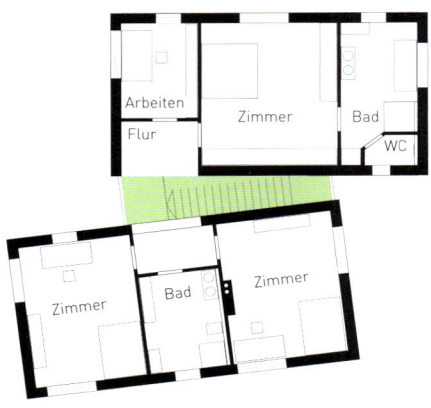

Obergeschoss aktuell

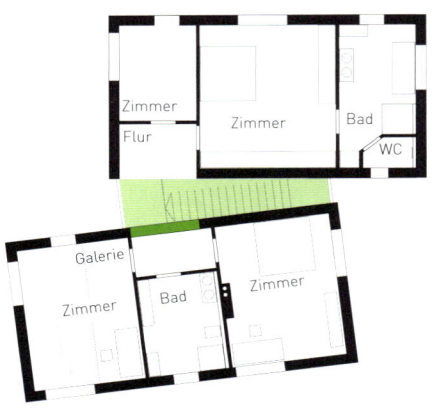

Obergeschoss Nutzungsvariante

Erdgeschoss aktuell

Erdgeschoss Nutzungsvariante

Kellergeschoss aktuell

Kellergeschoss Nutzungsvariante

## Besonderheiten:

→ flexible Nutzungsmöglichkeiten (Erschließungs-
lösungen, Vorinstallierungen, statische Vorkehrungen)

→ Abteilung einer schwellenlosen und barrierefreien
Einliegerwohnung mit Außenbereich im Erdgeschoss
möglich

→ verschiedene Hauseingangsvarianten

## Baudaten:

**Bauzeitraum:** 2008–2009 (12 Monate)
**Grundstücksgröße:** ca. 1.000 m²
**Wohnfläche:** 227 m² (Haushälfte Nord 113 m², Haushälfte Süd
114 m²) zuzüglich 115 m² Nutzfläche (Keller) und 25 bzw. 30 m²
Terrassen
**Bruttorauminhalt (BRI):** 1.500 m³
**Bauweise:** massiv (Ziegelmauerwerk, gedämmt und verputzt;
Untergeschoss Stahlbeton)
**Energiekonzept:** Gas-Brennwerttherme als Zentralheizung, kont-
rollierte Lüftungsanlage mit Wärmerückgewinnung, Kaminofen im
Wohnraum
**Heizenergiebedarf/Jahr:** 57 kWh/m²
**Gesamtkosten für beide Häuser (inklusive Honorare, Steuern und
Nebenkosten):** ca. 500.000 Euro

Oben: Nordwestansicht der deutlich versetzt
angeordneten Doppelhaushälften mit vorgelagerter Terrasse

Unten: Überdachter Hauseingang mit Blick
auf die Glasfuge

# EIN DREIGENERATIONEN-HAUS MIT HOHER ANPASSUNGSFÄHIGKEIT

Architekt Armin Hägele, Eching/Bayern

**Sie wohnen hier:** Die junge Familie mit drei Kindern, später auch die Großeltern im Erdgeschoss
**Das wurde gemacht:** Neubau auf dem Keller eines Hauses aus den 1970er-Jahren
**Hier befindet sich das Projekt:** bei Freising/Bayern

Mehrgenerationenhäuser erfordern aufgrund ihres meist recht hohen Wohnflächenbedarfs eine besonders zukunftsgerichtete Planung, denn die Veränderung von Familienstrukturen und Lebensverhältnissen bringt auch die ökonomische Notwendigkeit alternativer Nutzungsmöglichkeiten mit sich. Dies wurde bei diesem Haus ganz besonders berücksichtigt. Eine Vielzahl planerischer Vorkehrungen und variable Nutzungsmöglichkeiten machen das Gebäude zukunftssicher.

## Variabilität für drei Generationen und mehrere Jahrzehnte

Das vorhandene Haus aus den 1970er-Jahren, dessen Umbau technisch und finanziell nicht zweckmäßig erschien, wurde bis auf die Kellergeschossdecke abgetragen und durch einen Neubau ersetzt, der gegenüber dem Ursprungsgebäude nach Westen verlängert ist.
Die nun vorhandenen zwei Treppen – eine innen, eine außen – bilden die Voraussetzung für die Verwirklichung mehrerer flexibler Raumkonzepte und für die Umsetzung von mindestens drei getrennten Wohneinheiten. Wenn die Großmutter ins Haus zieht, wird das durch eine Schrankwand vom Wohnzimmer getrennte Büro ins Obergeschoss verlagert und hinter dem Wohnzimmerschrank eine leichte Trennwand eingezogen; damit wird eine zweite, barrierefreie Wohnung mit eigenem Eingang auf der Nordseite, Zugang über den nördlichen Flur und einem eigenen Duschbad geschaffen.

## Abtrennbare Wohnungen für die Kinder

Eltern und Kinder haben jeweils eigene Bäder, die bei Veränderung der Nutzung den entsprechenden Wohnungen zugeordnet werden. Dann muss nur noch die Flurtür des Treppenraums geschlossen werden, um eine separate Wohnung für die Kinder zu schaffen, die über die Außentreppe auf der Nordseite erschlossen wird. In der Planung

Links: Die Familie am gedeckten Sitzplatz. Die Falttür zum Essbereich wird im Sommer komplett zur Seite geschoben.

Rechte Seite: Westansicht mit Terrasse und Pool – gemeinsame Entspannung für alle Familienmitglieder

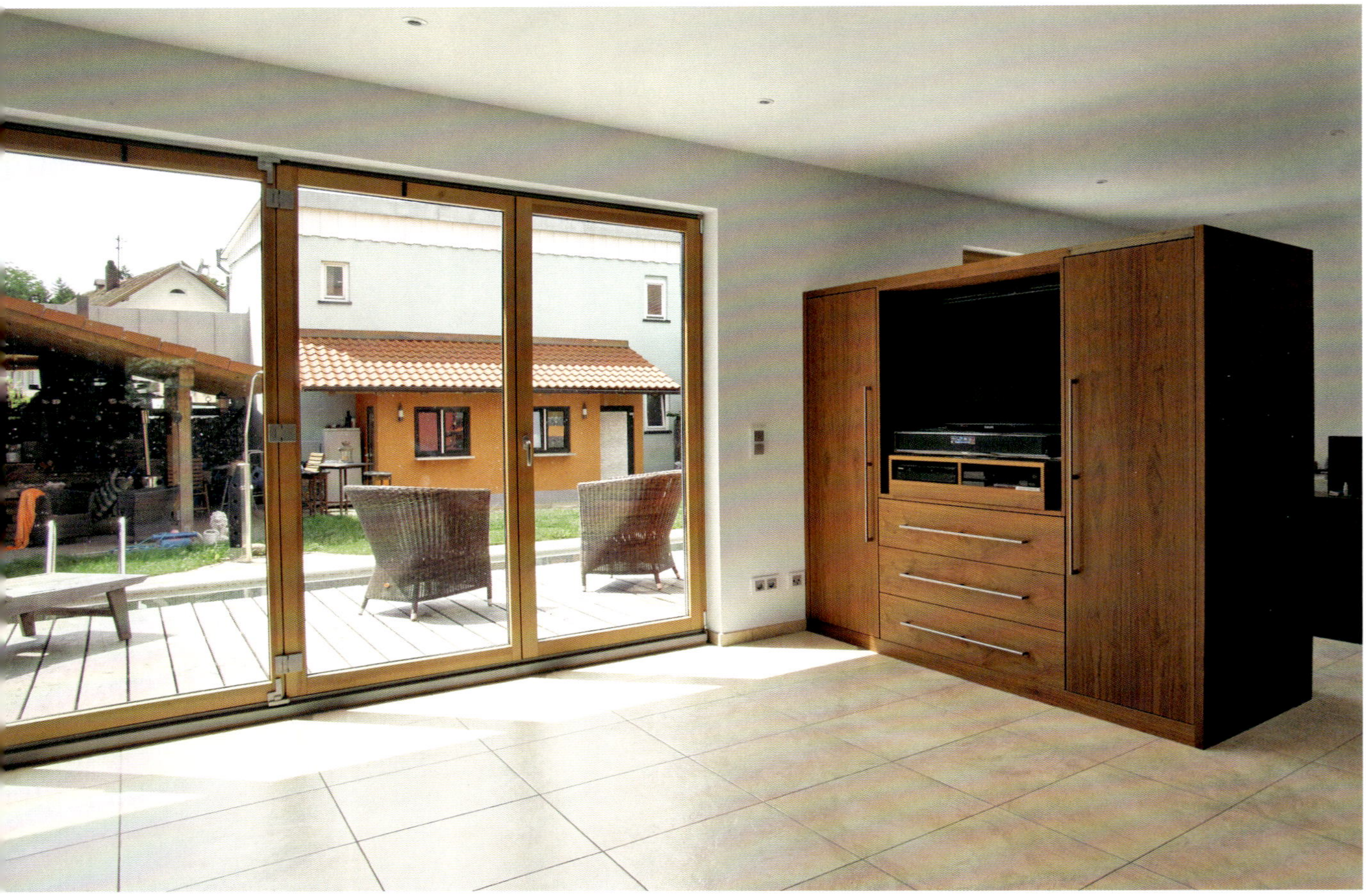

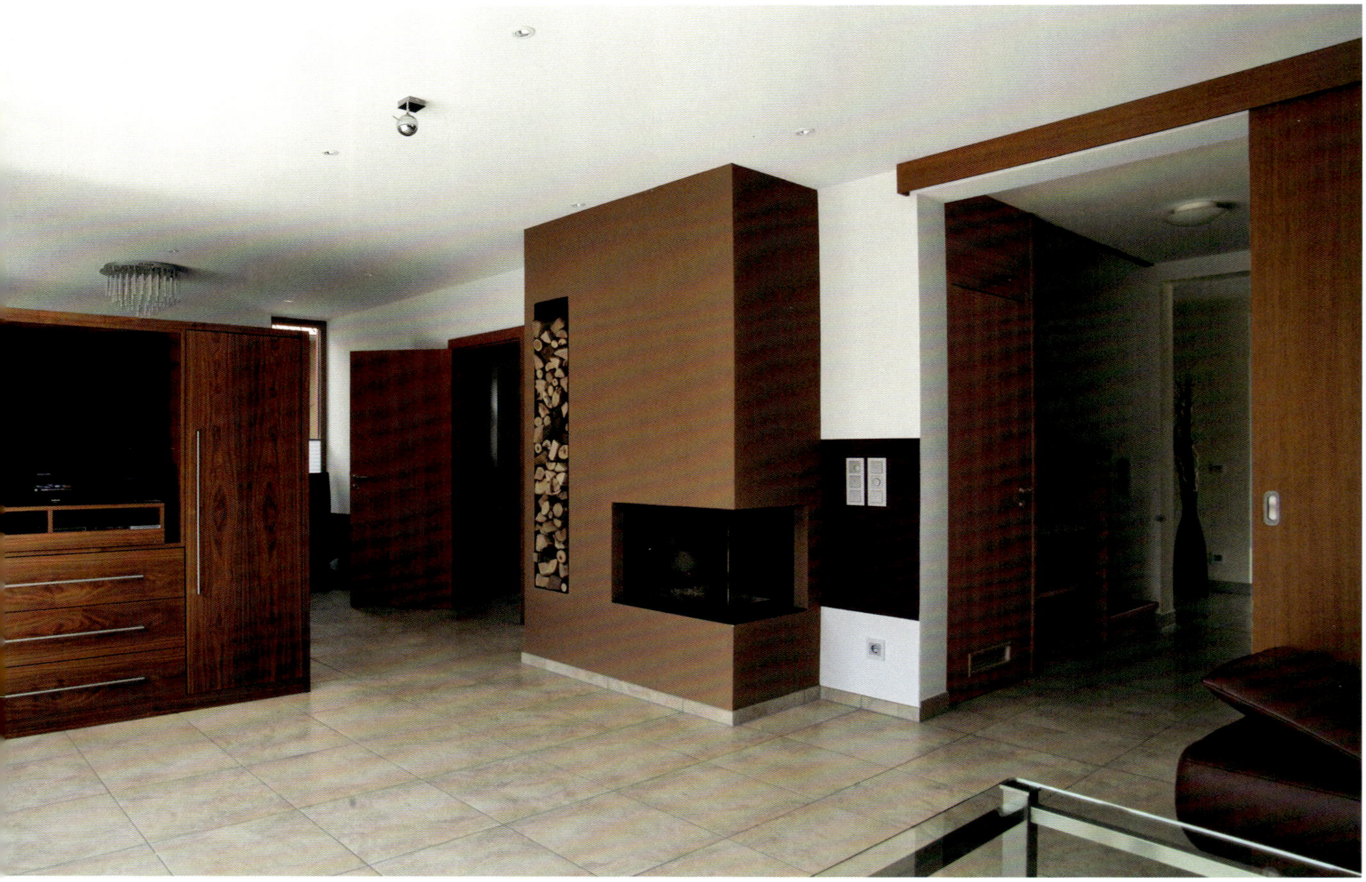

wurden hierfür die Installationen sowohl im Obergeschoss als auch im Dachgeschoss bereits vorgesehen, eigene Heizkreise und Stromverteiler sind ebenfalls vorhanden. Sollen zusätzlich Obergeschoss und Dachgeschoss ganz voneinander getrennt werden, muss neben der Treppe im Obergeschoss nur noch eine Wand beziehungsweise Tür gesetzt werden. Das Dachgeschoss kann so gegebenenfalls auch fremdvermietet werden.

## Außenbereiche für Jung und Alt

Zusammen mit der erhalten gebliebenen Tenne und einem neuen Garagengebäude ist nach dem Vorbild traditioneller Dreiseithöfe eine geschützte Innenhofsituation entstanden, die allen zugutekommt; neben der fallweisen gemeinsamen Nutzung ist bei den unterschiedlichen Bereichen auch an die einzelnen Generationen gedacht: So dienen die alte Tenne und der vorgelagerte Bereich sowie die Wiese den Kindern als Spielraum, die Senioren schauen von der Südterrasse im Erdgeschoss auf den Gartenteich und das Kräuterbeet. Das Schwimmbecken und die zugehörige Westterrasse stehen allen Familienmitgliedern gemeinsam zur Verfügung.

Linke Seite oben: Blick durch das Wohnzimmer auf die westliche Terrasse. Auch hier können Innen- und Außenbereich mittels der Faltschiebetüren zusammengeschaltet werden.

Linke Seite unten: Hinter der Schrankwand, die heute das Wohn- vom Arbeitszimmer trennt, kann eine leichte Trennwand eingezogen werden. Der Raum ist dann als barrierefreie Einheit nutzbar.

Rechts oben: Das Badezimmer im Erdgeschoss, das dem Einlieger zugeschlagen werden kann, hat einen schwellenlosen Zugang zur Dusche.

Rechts unten: Die Außentreppe auf der Nordseite ermöglicht eine fallweise Abtrennung der im Ober- beziehungsweise Dachgeschoss gelegenen Wohnbereiche.

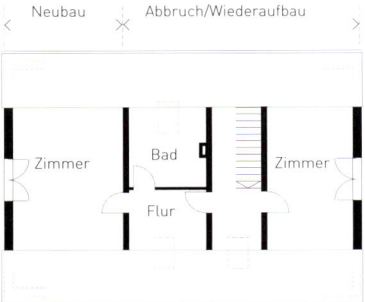

Dachgeschoss aktuell

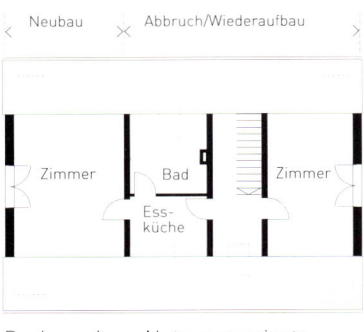

Dachgeschoss Nutzungsvariante

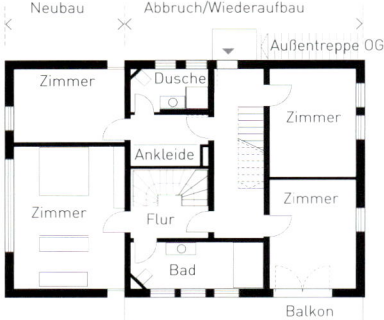

Obergeschoss aktuell

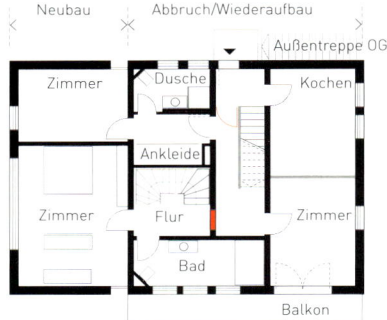

Obergeschoss Nutzungsvariante

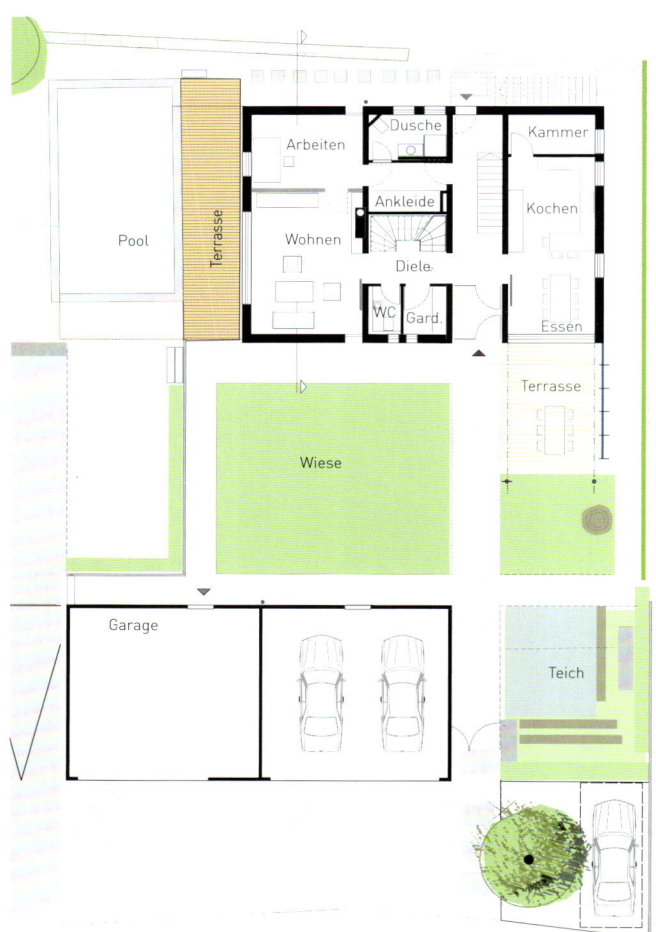

Erdgeschoss aktuell

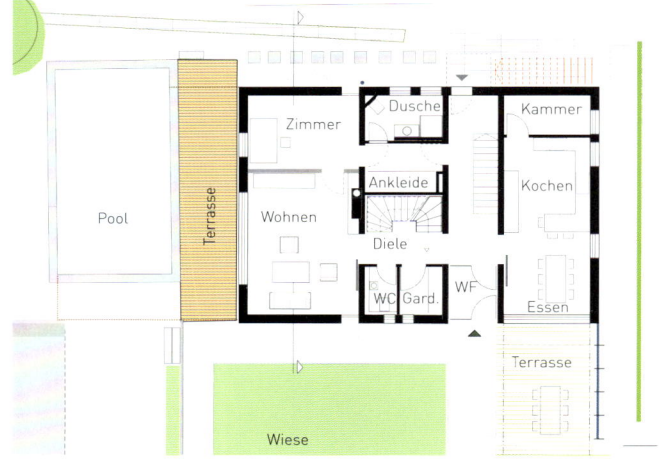

Erdgeschoss Nutzungsvariante

Keller (Bestand)

## Besonderheiten:

→ schwellen- und barrierefreie Gestaltung des Erdgeschosses der künftigen Einliegerwohnung (einschließlich Außenbereiche)

→ flexible Nutzungsmöglichkeiten (Erschließungs-lösungen, Vorinstallierungen, statische Vorkehrungen)

→ hochwertige, separat und gemeinsam nutzbare Außenbereiche

## Baudaten:

**Bauzeitraum:** 2009–2010 (12 Monate)
**Grundstücksgröße:** ca. 950 m²
**Wohnfläche:** 280 m² (EG 106 m², OG 106 m², DG 68 m²) zuzüglich 74 m² Nutzfläche (Keller) und 25/35 m² Terrassen
**Bruttorauminhalt (BRI):** 1.320 m³
**Bauweise:** massiv (EG, OG: Ziegelmauerwerk, gedämmt und ver-putzt; bestehendes UG: Stahlbeton; DG: Holzelementbauweise)
**Energiekonzept:** Grundwasser-Wärmepumpe als Zentralheizung, Kaminofen im Wohnraum
**Heizenergiebedarf/Jahr:** 51 kWh/m²
**Gesamtkosten (inklusive Honorare, Steuern und Nebenkosten, Garagen und Außenanlagen):** ca. 750.000 Euro

Oben: Ansicht des Hauses von Süden mit Kräutergarten und überdachtem Sitzplatz. Die großteils mattierte Glaswand dient dem Wind- und Sichtschutz. Rechts ist der Zugangsweg zur Nordseite und zur Außentreppe zu sehen.

Unten: Schwellenfreier Hauseingang mit Blick in den durchgesteckten Flur

# HANGHAUS MIT EBENERDIGER EINLIEGERWOHNUNG

Architekt Ivano Iseppi, Thusis/Graubünden (Schweiz)

**Sie wohnen hier:** Die junge Familie mit zwei Kindern, die Großeltern in einer Einliegerwohnung (augenblicklich noch der Bruder mit Frau und Kind)
**Das wurde gemacht:** Neubau eines Hanghauses mit Einliegerwohnung
**Hier befindet sich das Projekt:** Graubünden (Schweiz)

Ivano Iseppi hat – gemeinsam mit anderen regional tätigen Architekten wie etwa Kurt Hauenstein und Peter Calonder – gezeigt, dass neue Wohnhäuser spannend sein können, ohne die Baugeschichte und die Landschaft zu ignorieren. Sein neuestes Werk bei Thusis belegt dies nachdrücklich und zeigt sich zudem als höchst anpassungsfähiges Mehrgenerationenkonzept.

## Ein Bauernhaus ganz von heute

In Materialität, Kubatur und Dachform wie auch mit den tief geschnittenen Laibungen lehnt sich das Haus an traditionelle Wohn- und Wirtschaftsgebäude der Region an, verrät aber mit modernen Gestaltungsmitteln wie etwa betonierten Balkonen, ganzscheibigen Verglasungen sowie zeitgemäßem Raumzuschnitt und Komfort klar seine Entstehungszeit.
Da die Familie Teilerwerbslandwirtschaft betreibt und sich die Wirtschaftsgebäude gleich nebenan befinden, war der Bauplatz praktisch vorgegeben. Deutlich abgesetzt vom restlichen Dorf liegt das Anwesen als Teil einer Streusiedlung in steiler Hanglage, die umliegenden Wiesen dienen der Ernährung des eigenen Viehbestands.

## Wohngebäude für drei Generationen

Grundgedanke der Planung war es, im Zuge des Neubaus gleich Wohnraum für die im Dorfkern lebenden Großeltern vorzusehen, die zwar noch alleine zurechtkommen, in absehbarer Zeit aber auf Unterstützung angewiesen sein werden. Zudem war es der älteren Generation wichtig, engen Kontakt mit ihren Kindern und ihren beiden Enkeln zu halten. Solange es den Großeltern gesundheitlich gut geht, wollen sie die junge Familie im täglichen Leben un-

Links: Familienporträt vor Brennholzstapel. Links der Eingang durch das Kellergeschoss

Rechte Seite: Ansicht des Hauses von der Talseite. Der Hauptwohnung und der Einliegerwohnung (ganz oben) steht je ein eigener Balkon zur Verfügung, der die Wohnfläche erweitert.

**Oben:** Im Wohngeschoss ist der Ausblick in die Landschaft perfekt inszeniert. Hinten der Ausgang zum großen Balkon

**Unten links:** Koch- und Essbereich mit Durchgang zum Balkon

**Unten rechts:** Die flächenmäßig nicht sehr große Einliegerwohnung gewinnt durch die hohen Decken und die ebenso warme wie helle Innenraumgestaltung.

terstützen, zum Beispiel die beiden kleinen Jungs betreuen. Übergangsweise wird die Großelternwohnung, die für zwei Erwachsene und ein Kind gerade noch genug Platz bietet, vom Bruder des Bauherrn und dessen Familie bewohnt. Angesichts der steilen Hanglage stellte sich die Frage, wie die Wohneinheit der Großeltern untergebracht werden konnte, ohne dass Barrieren und Schwellen überwunden werden müssten. Die Lösung des Architekten bestand darin, von der bergseitigen, nördlichen Zufahrtsstraße her zwei separate Hauseingänge vorzusehen, die vom Vorplatz aus ebenerdig und schwellenfrei zu betreten sind. Vorgelagert sind ein Carport, der sich mit seiner Holzkonstruktion an das Satteldach des Hauses anpasst, sowie ein zweiter Stellplatz, der sich direkt vor dem Eingang zur Großelternwohnung befindet. Neben einer alters- und rollstuhlgerechten Niveauplanung sind hier also die Wege extrem kurz. Das Apartment selbst bietet außer einem kleinen Eingangsbereich einen Wohn-, Ess- und Kochraum, Bad und WC, ein Schlafzimmer sowie ein Kinderzimmer. Die mit etwa 60 Quadratmetern nicht allzu große Wohnfläche wurde von den Großeltern ausdrücklich gewünscht, um den Pflegeaufwand in Grenzen zu halten.

## Ein Haus für alle Fälle

Die Wohneinheit der jungen Familie ist über den linken der beiden Eingänge auf Straßenniveau zugänglich, daran schließen sich ein kleiner Abstellbereich und die Diele an. Eine Treppe führt hinab zum Hauptgeschoss mit Wohn-Ess- und Kochraum, Kinderzimmern und Bad, darunter befindet sich das Kindergeschoss mit eigenem Zugang von Osten – eine sehr praktische Lösung für später, wenn die Kinder größer sind. Das Kellergeschoss, das auch als Schmutzschleuse dient, besitzt einen weiteren Zugang von Süden. Alle Wohnräume einschließlich der Kinderzimmer sind überwiegend nach Süden orientiert, bekommen aber auch von den anderen Seiten Sonnenlicht.

Rechts oben: Mehrgenerationenhaus mit Aussicht: Blick auf den Balkon im Wohngeschoss

Rechts: Freundlich und hell – so sollen Kinderzimmer sein.

Auf Höhe des Schlafgeschosses gibt es einen
weiteren, ebenerdigen Zugang.

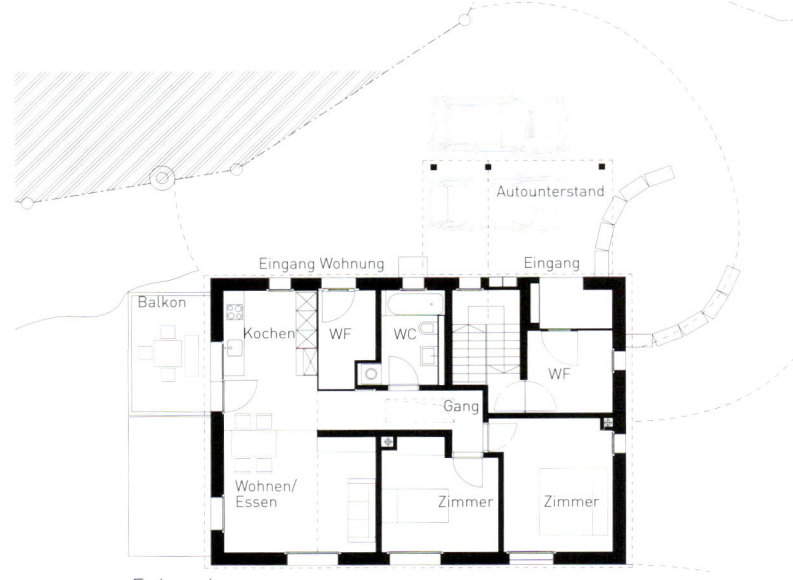

Erdgeschoss

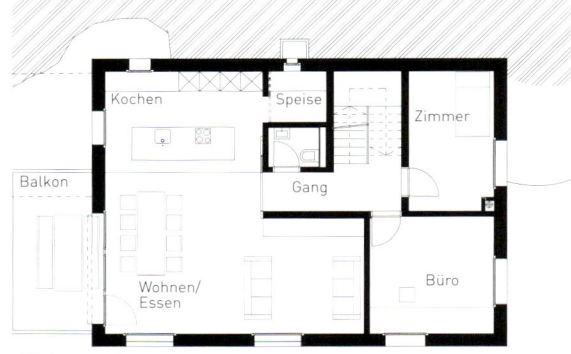

Wohngeschoss

Schlafgeschoss

Kellergeschoss

Ansicht von der Bergseite. Rechts der Zugang und der Parkplatz der Einliegerwohnung

Blick von der Zufahrtsstraße auf den Balkon der Einliegerwohnung

## Besonderheiten:

→ Großelternwohnung mit ebenerdigem Zugang sowie komplett barriere- und schwellenfreier Anlage (einschließlich Balkon)

→ extrem kurze Wege

→ durch flexiblen Grundriss und insgesamt vier Hauszugänge vielfältige Nutzungsmöglichkeiten

## Baudaten:

**Bauzeitraum:** 2009–2010
**Grundstücksgröße:** 1.200 m²
**Wohnfläche:** 330 m² zuzüglich 17 m² Terrassen
**Bruttorauminhalt (BRI):** 1.350 m³
**Bauweise:** massiv (Leichtbetonmauerwerk, Betondecken)
**Energiekonzept:** Stückholzheizung, kombiniert mit Solarkollektoren
**Gesamtkosten (inklusive Honorare, Steuern und Nebenkosten):** 1.089.000 sFr

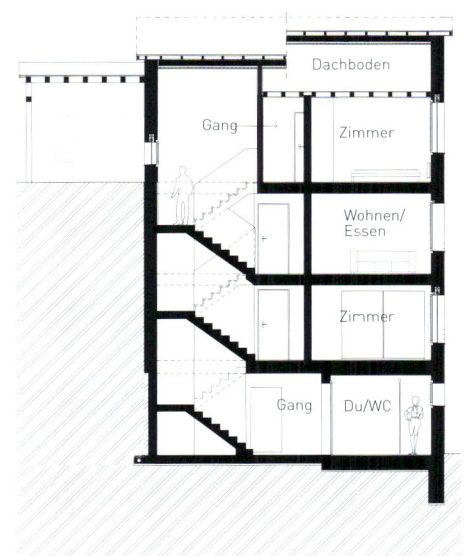

Längsscnitt

0        5        10

# KOSTENEFFZIENTES DREIGENERATIONEN-HAUS

m3 architekten AG, Zürich

**Sie wohnen hier:** Die junge Familie mit zwei Kindern, der Großvater im Erdgeschoss
**Das wurde gemacht:** Neubau mit zwei Wohneinheiten
**Hier befindet sich das Projekt:** Großraum Zürich

Bei diesem Neubauprojekt in der Nähe von Zürich wurde fast die Quadratur des Kreises verwirklicht: Ein Haus für drei Generationen – Eltern, Kinder und der Großvater – mit reichlich Raum für alle und zu erstaunlich geringen Kosten, insbesondere angesichts der hohen Immobilienpreise im Raum Zürich.

Da sich der Bauplatz an einer dicht bebauten Quartierstraße befindet, lag besonderes Augenmerk darauf, einen Abstandbereich zu schaffen und den öffentlichen Raum akustisch wie auch optisch auszublenden. Bis auf die beiden Eingangstüren für die getrennten Einheiten und ein Fenster im Dachgeschoss ist die Straßenfassade geschlossen gehalten. Unter der weiten Auskragung der beiden oberen Geschosse ist ein Doppel-Carport entstanden, sodass jeweils direkt beim eigenen Eingang geparkt werden kann.

### Wohnen mit schwellenlosen Übergängen und Freibereichen

Beiden Eingängen ist im Innern ein Entree zugeordnet, eine Verbindungstür erlaubt die Abgrenzung beziehungsweise Öffnung der Wohneinheiten nach Wunsch. Die Wohnung des Großvaters ist schwellenlos erreichbar – ein großes Plus bei eventuell eintretenden Gehproblemen. Die Räume des Seniors sind ebenso wie die der jungen Familie zum Garten orientiert. Im Attikageschoss entstand eine offene Raumstruktur mit Wohn-, Ess- und Kochbereichen, die Zimmer der Eltern und Kinder sind im Obergeschoss untergebracht. Während ganz oben drei dem Wohnraum zugeordnete Dachterrassen Freibereiche für Eltern und Kinder schaffen, steht dem Großvater eine ebenerdige, wiederum schwellenfrei erreichbare Terrasse im Garten zur Verfügung, die auch gerne gemeinschaftlich genutzt wird. Auf allen Ebenen harmonieren und kontrastieren zugleich dunkle Massivholzböden mit weißen Wänden und Decken. Der Senior hat überwiegend seine Einrichtung mitgebracht, was die Eingewöhnung im neuen Umfeld zusätzlich erleichtert hat.

Linke Seite: Die der Straße zugewandte Auskragung schafft sowohl gedeckte Parkplätze als auch geschützte und schwellenlose Wohnungszugänge.

Unten: Gesamtansicht auf der Gartenseite. Die Einliegerwohnung im Erdgeschoss ist auch hier alten- und behindertengerecht erschlossen. Die der Wohnung des Großvaters zugeordnete Terrasse wird auch gerne von allen Familienmitgliedern gemeinsam genutzt.

Links oben: Die großen Zimmer im ersten Obergeschoss lassen eine flexible Nutzung zu.

Links Mitte: Die kostengünstige, jedoch hochwertige Küche fungiert gleichzeitig als Raumteiler.

Links unten: Der Erschließungsbereich mit der
geraden, leicht begehbaren Treppe. Das Trep-
pengeländer besteht aus zweigeschossigen,
freistehenden Holztafeln.

Rechte Seite oben: Im obersten Geschoss bilden
die Funktionen Wohnen, Essen und Kochen eine
ineinander übergehende Raumsequenz.

Rechte Seite unten: Das Wohnzimmer der vom
Großvater bewohnten 3,5-Zimmer-Einheit im
Erdgeschoss.

## Harmonisches Raumempfinden, bestes Kosten-Nutzen-Verhältnis

Einheitliche Bauteile mit vielen identisch großen und regelmäßig gesetzten Fassadenöffnungen und teils gleich dimensionierten Zimmern (im Obergeschoss) halfen ebenso beim Kostensparen wie die relativ geringen Deckenhöhen von 2,40 Metern, die aber durch die deckenhoch eingebauten Fenster und die geschickten Raumzuschnitte nicht negativ auffallen. Die Form des Gebäudes orientierte sich am schmal-länglichen Zuschnitt des Grundstücks, um dieses optimal auszunutzen. Die Regelungen der Bauordnung ließen sich so interpretieren, dass auf drei Geschossen viel hochwertiger Wohnraum entstehen konnte. Das gegenüber dem Erdgeschoss erweiterte Obergeschoss erzeugt auch im Dachgeschoss zusätzliche Wohnfläche.

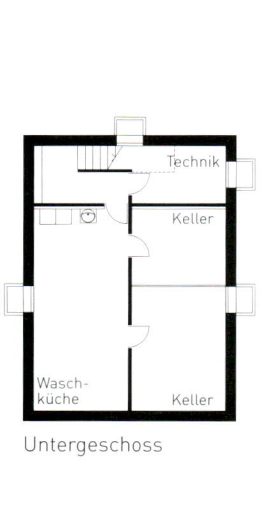

Untergeschoss

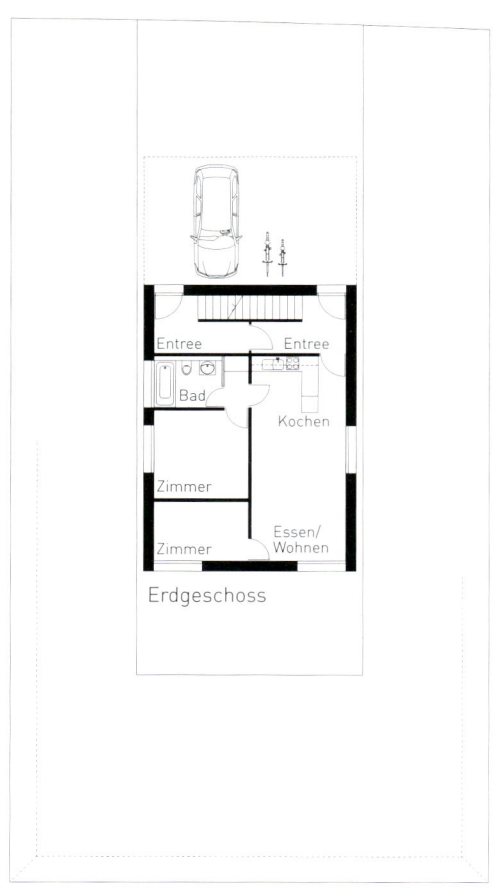

Erdgeschoss

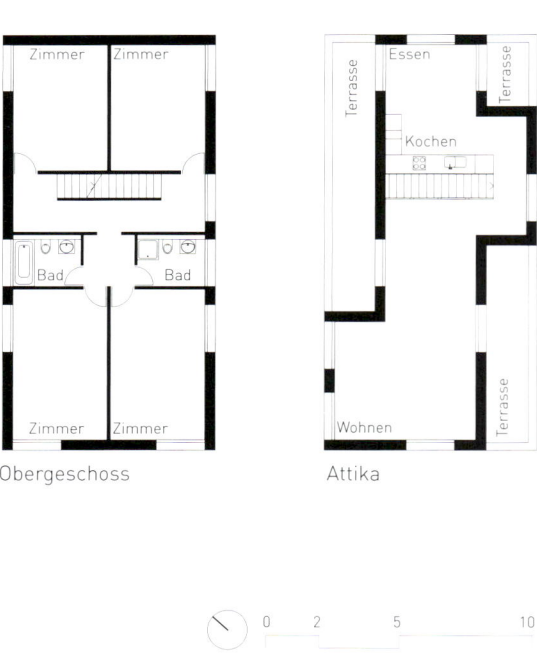

Obergeschoss

Attika

0    2        5              10

Linke Seite: Diese Ansicht zeigt, wie geschickt für die Zimmer im Dachgeschoss eigene Freibereiche geschaffen wurde.

Rechts: Im gedeckten Freibereich wird die Hausnummer als Gestaltungselement eingesetzt.

## Besonderheiten:

→ gemeinsam nutzbare Bereiche (z.B. Terrasse) bei gleichzeitiger Wahrung der Privatsphäre durch Trennung der Wohnungen

→ schwellenfreie Gestaltung der Einliegerwohnung im Erdgeschoss

→ Nasszellen und Küche der Einliegerwohnung alten- und behindertengerecht ausgelegt

## Baudaten:

Bauzeitraum: 2005–2006 (10 Monate)
Grundstücksgröße: 598 m²
Wohnfläche: gesamt 248 m² (davon Familienwohnung 182 m², Einliegerwohnung 66 m²) zuzüglich 74 m² Nutzfläche und 33 m² Terrassen
Bruttorauminhalt (BRI/SIA 116): 1.200 m³
Bauweise: massiv (Stahlbeton, außen gedämmt und verputzt)
Energiekonzept: Luft-Wasser-Wärmepumpe, gute Dämm- und Luftdichtigkeitswerte
Heizenergiebedarf/Jahr: 240 MJ/m²
Gesamtkosten (inklusive Honorare, Steuern und Nebenkosten, ohne Außenanlagen): 760 sFr/m³

# EIN MEHRGENERATIONEN-HAUS ZUM WOHNEN UND ARBEITEN

riek architektur, Mülheim/Ruhr

Bei dieser außergewöhnlichen Wohnhaus-Inszenierung in Mülheim an der Ruhr stand die Funktionalität am Anfang aller Überlegungen. Der Bauherr und Architekt Detlef Riek wollte nicht nur Wohnraum für seine Ehefrau und sich, sondern auch für seine Eltern und zudem für das eigene Büro schaffen. Der in einem gewachsenen Wohngebiet des 19. Jahrhunderts gelegene Bauplatz war zwar sehr groß, aber extrem schmal und dazu auch noch abknickend. Detlef Riek ließ sich durch diese problematischen Vorgaben nicht beirren, sondern nutzte sie für einen besonders kreativen Entwurf.

### Knicke und Segmente

Die Entwurfsidee bestand darin, das Gebäude entsprechend dem Grundstück abknicken zu lassen, was die links und rechts vom Knick befindlichen Teile wie zwei Teile eines Möbelstücks wirken lässt, die ineinander geschoben werden können. Den Übergang mit den beiden, sich traufseitig gegenüber liegenden Eingangs- und Erschließungsbereichen bildet ein Fassadenstreifen aus Polycarbonat und Glas. Die streifenartigen, durch unterschiedliche Materialien hervorgehobenen Segmente des Baukörpers betonen den Knick. Zum einen sind dies die schmalen Cortenstahl-Fassaden der beiden Giebelwände, die das Haus gleichsam zusammenhalten, dazwischen reihen sich in klarem Rhythmus Oberflächen mit Holzleisten, Putz, Glas und Polycarbonat, einem transluzenten Kunststoff. Letzterer dient auch zur teilweisen Überdeckung der Dachterrasse, die dadurch sehr hell und doch witterungsgeschützt ist. Die nördliche Giebelwand ist im Bereich der Dachterrasse freigestellt, sodass sie wie ein Kunstobjekt wirkt. Der letzte Streifen der Dachfläche besteht gewissermaßen aus Himmel.

**Links:** Die Eltern auf ihrer eigenen Terrasse mit Gartenblick, wo man sich gerne auch mit Sohn und Schwiegertochter trifft.

**Rechte Seite:** Ansicht von Norden mit dem Eingang und der Terrasse der Elternwohnung. Das »aufgeschnittene« Dach mit der Terrasse der jungen Generation ist hier ebenfalls zu erkennen.

## Offene Räume, großzügiges Wohngefühl

Das Obergeschoss mit den Bereichen Wohnen, Essen und Kochen überspannt von Nord nach Süd die gesamte Länge des Gebäudes, wobei die Treppe als natürlicher Raumteiler wirkt. Darüber befinden sich einerseits die Dachterrasse, andererseits das Schlafzimmer. Dank des erhöht gelegenen Erdgeschosses konnte das Architekturbüro im Untergeschoss untergebracht werden. Eine Geländemodellierung und ein Lichthof auf der Südseite sorgen für optimale Belichtung beim Arbeiten.

Oben links: Blick vom Dachgeschoss in das Treppenhaus

Oben: Die Kochinsel wie auch der dahinterliegende Essplatz haben Ausblick zur Straßenseite und werden durch die großen, nach außen zu öffnenden Fenster reichlich mit natürlichem Licht vesorgt.

Linke Seite oben: Offenes Wohnen: Blick durch das Obergeschoss, das im Grunde ein zusammenhängendes Raumkontinuum zwischen den beiden Giebelwänden darstellt.

Linke Seite unten links: Die etwas andere Dachterrasse: Dekonstruktivistischer Freisitz mit »Landschaftsbild« und Street Art.

Linke Seite unten rechts: Innerer Eingansbereich mit Durchgangstüre zur elterlichen Wohnung

Schlafzimmer im Dachgeschoss mit Einbauschränken und Badewanne

Die Eltern in ihrem offenen Koch-, Ess- und Schlafbereich im Erdgeschoss. Ihrem Ruhebedürfniss wurde durch besonders aufwendige Schallschutzmaßnahmen Rechnung getragen.

## Elternwohnung mit hohem Komfort

Ostseitig befindet sich der Zugang zur elterlichen Zwei-zimmerwohnung im Erdgeschoss, sie kann aber auch vom Treppenhaus des zweiten Eingangs betreten werden. So sind beide Wohneinheiten voneinander getrennt, aber auch intern miteinander verbunden, was bei Bedarf – etwa im Pflegefall – wichtig werden kann. Die Wohnung der Eltern ist über die große Gartenterrasse ebenerdig zu erreichen, sodass sich das Treppensteigen problemlos vermeiden lässt. Wunderschön ist der weite Ausblick über den eige-nen Garten, womit sich der Grundstückszuschnitt auch in dieser Hinsicht als Vorteil erweist. An die Terrasse schließt sich direkt das Wohnzimmer an, südseitig befindet sich der große Koch-, Ess- und Schlafraum. Zugunsten eines großzügigen Raumgefühls hat man hier auf trennende Zwischenwände verzichtet.

Rückzugsraum mit Gartenblick: Die »Kuschelecke« bildet den nördlichen, introvertierten Abschluss des Obergeschosses.

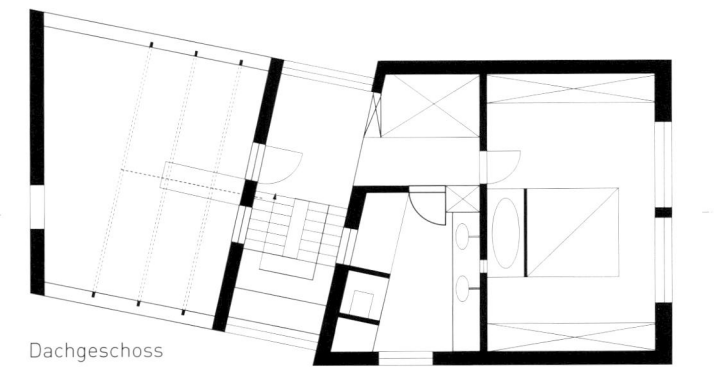

Dachgeschoss

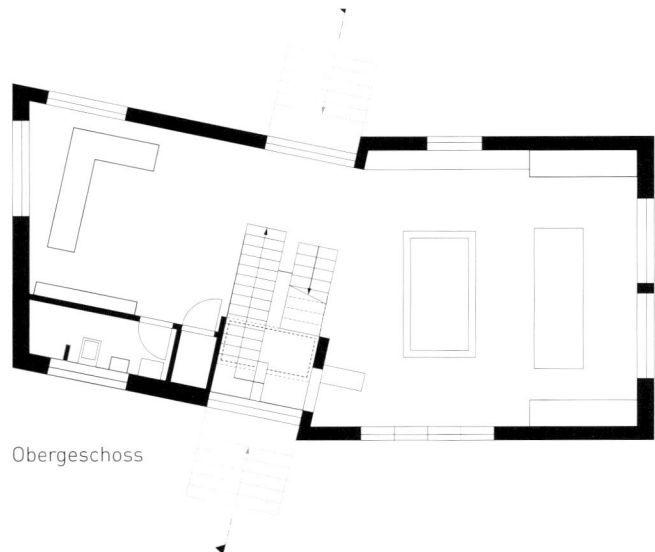

Obergeschoss

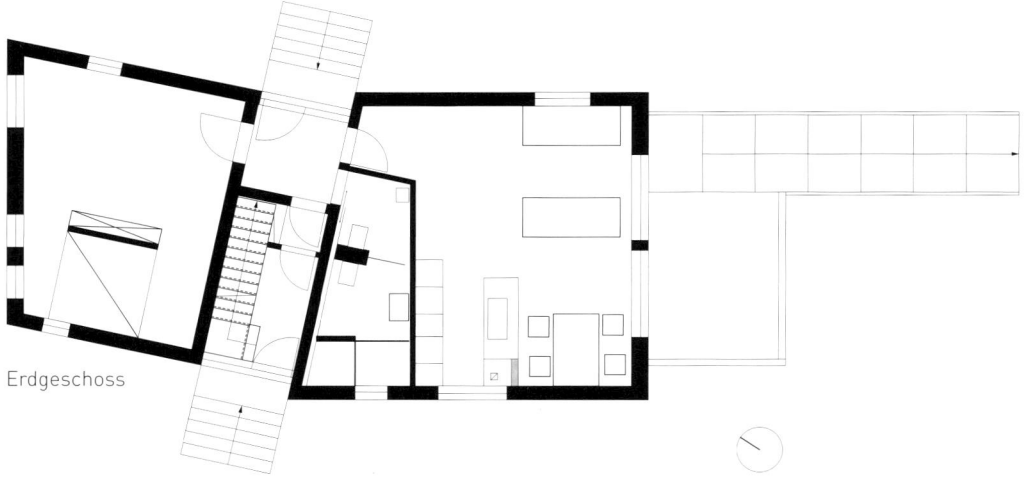

Erdgeschoss

## Besonderheiten:

→ Trennung der beiden Wohneinheiten mit separaten
   Eingängen

→ ebenerdige Erschließung der Elternwohnung über
   die Terrasse

→ innere Verbindung im Bereich des Kellerabgangs
   (Hilfe/Pflege im Bedarfsfall möglich)

→ gemeinsame Kommunikationsbereiche wie Garten
   und Waschküche

→ Installation eines Alarmsignals in der Elternwohnung
   möglich

## Baudaten:

**Bauzeitraum:** 2009–2010 (11 Monate)
**Grundstücksgröße:** ca. 680 m²
**Wohnfläche:** 245 m² zuzüglich 35 m² Nutzfläche und 38 m²
Terrassen
**Bruttorauminhalt (BRI):** 970 m³
**Bauweise:** Holzrahmenkonstruktion, gedämmt (Zellulosefaser)
und verschalt (Cortenstahl) bzw. verputzt
**Energiekonzept:** Erdsonden-Wärmepumpe als Zentralheizung
**Heizenergiebedarf/Jahr:** 48,2 kWh/m²
**Gesamtkosten (inklusive Honorare, Steuern und Nebenkosten):**
380.000 Euro

# UNGLEICHE ZWILLINGE:
# EIN DOPPELHAUS DER ANDEREN ART

Architekt Florian Sikora, München

**Sie wohnen hier:** Die junge Familie mit zwei Kindern in der einen, die Großeltern in der anderen Haushälfte
**Das wurde gemacht:** Neubau zweier Doppelhaushälften
**Hier befindet sich das Projekt:** Dachau/bei München

Der Wohnbau ist stets nicht nur eine gestalterische, sondern auch eine soziale Aufgabe. Dies schließt die Frage nach dem richtigen Verhältnis von Nähe und Distanz ein, die insbesondere dann besonders wichtig wird, wenn mehrere Generationen einer Familie zusammenleben. Der Münchner Architekt Florian Sikora fand dafür eine nicht nur in gestalterischer, sondern vor allem auch in kommunikativer Hinsicht überzeugende Antwort.

## Beieinander und doch ungestört

Junger und älterer Familienzweig waren sich einig, dass man künftig beieinander leben wollte. Für die Verwirklichung dieses Vorhabens fand sich ein großes Grundstück in einem Neubaugebiet, das genügend Spielraum für den Entwurf des Architekten bot. Florian Sikoras Konzept sah zwei aneinandergebaute und doch getrennte Häuser für die junge Familie und die Großeltern vor, die sich durch klare private wie auch gemeinsame Zonen auszeichnen sollten. Anstelle eines üblichen Doppelhauses mit monoton gereihten Baukörpern, Zugängen, Eingängen und Freibereichen sollte eine spannungsvolle Variation entstehen.

Durch den Kunstgriff, die beiden Gebäude gegeneinander zu versetzen, also gestaffelt zu platzieren, entstand der nötige Abstand zwischen den Parteien. So bilden sich je eigene Garten- und Freibereiche auf unterschiedlichen Seiten – beispielsweise für Kinder und Enkel ein Gartenhof nach Osten, für die Eltern ein Balkon nach Süden mit schönem Blick in den Garten. Während sich der Eingang der jungen Familie am nordwestlichen Gebäudeeck befindet, betreten die Großeltern ihr Haus von der östlichen Straßenseite. Die zu den Kindern und Enkeln orientierte Längsseite ist wunschgemäß hochgeschlossen, sodass Jung und Alt ungestört sein können. Ein Zwischenbau im Obergeschoss vermittelt zwischen den beiden Einheiten, indem er sie baulich verbindet und einen schleusenartigen, transparenten Übergangsbereich bildet. So kann keiner unvermittelt in den Lebensbereich des anderen eindringen, gleichzeitig besteht aber eine schnelle, direkte Verbindung, die nicht zuletzt bei eventuell eintretendem Pflegebedarf wichtig sein kann. Eine weitere interne Anbindung zwischen den Häusern gibt es im Keller, wo sich Lager- und Technikräume befinden. Im großen, südlich gelegenen Garten treffen sich die Generationen zum Fußball- oder Federballspielen oder zum gemeinsamen Grillen.

Linke Seite: Ansicht von Nordosten mit dem Zugang zum südlichen Bauteil, den die Großeltern bewohnen

Unten: Der Blick von Südwesten zeigt vorne das Haus der Großeltern, dahinter das der Kinder und Enkel. Dazwischen befindet sich ein Lichthof mit einem Wasserspiel.

### Innen und Außen als Einheit

Beide Einheiten öffnen sich zum Außenraum und zum Garten und holen so viel Licht herein. Durch den Versatz der Gebäude erhalten beide Sonnenlicht von Süden. Der als Einraum organisierte Wohn-, Koch- und Essbereich der jungen Familie ist auf drei Seiten komplett verglast, es entstand ein stimmungsvolles Atrium mit Wasserbecken. Auch die Senioren blicken durch Panorama-Verglasungen in ihren Garten, der so gewissermaßen mit ins Haus hineinwächst. Die weißen Putzfassaden scheinen über dem transparenten Erdgeschoss zu schweben. Insbesondere auf den nicht zueinander orientierten Schmalseiten wenden auch sie sich mit großen Öffnungen zur Umgebung, profitieren von der natürlichen Belichtung und verbuchen bei winterlichem Sonnenschein obendrein beträchtliche Wärmegewinne. Der naturnahe Charakter der Architektur spiegelt sich auch im nachhaltigen Energiesystem mit Wärmepumpe und kontrollierter Wohnraumlüftung sowie einer Zisterne, die das Regenwasser sammelt und für das Brauchwasser nutzbar macht.

Linke Seite: In der »jungen« Haushälfte: Der Essplatz liegt direkt neben dem Lichthof und dem Wasserbecken. Die entlang des Fensters verlaufende Bank dient als Sitzplatz zwischen Drinnen und Draußen.

Rechts oben: Blick vom Familien-Essplatz zum Wohnbereich. Darüber die Galerie im Obergeschoss mit dem Übergang zum Haus der Großeltern.

Rechts unten: Die verglaste »Brücke« im Obergeschoss stellt bei Bedarf die interne Verbindung zwischen den beiden Haushälften her. Über den Lichthof fällt viel Sonnenlicht in den Galeriebereich des nördlichen Hauses.

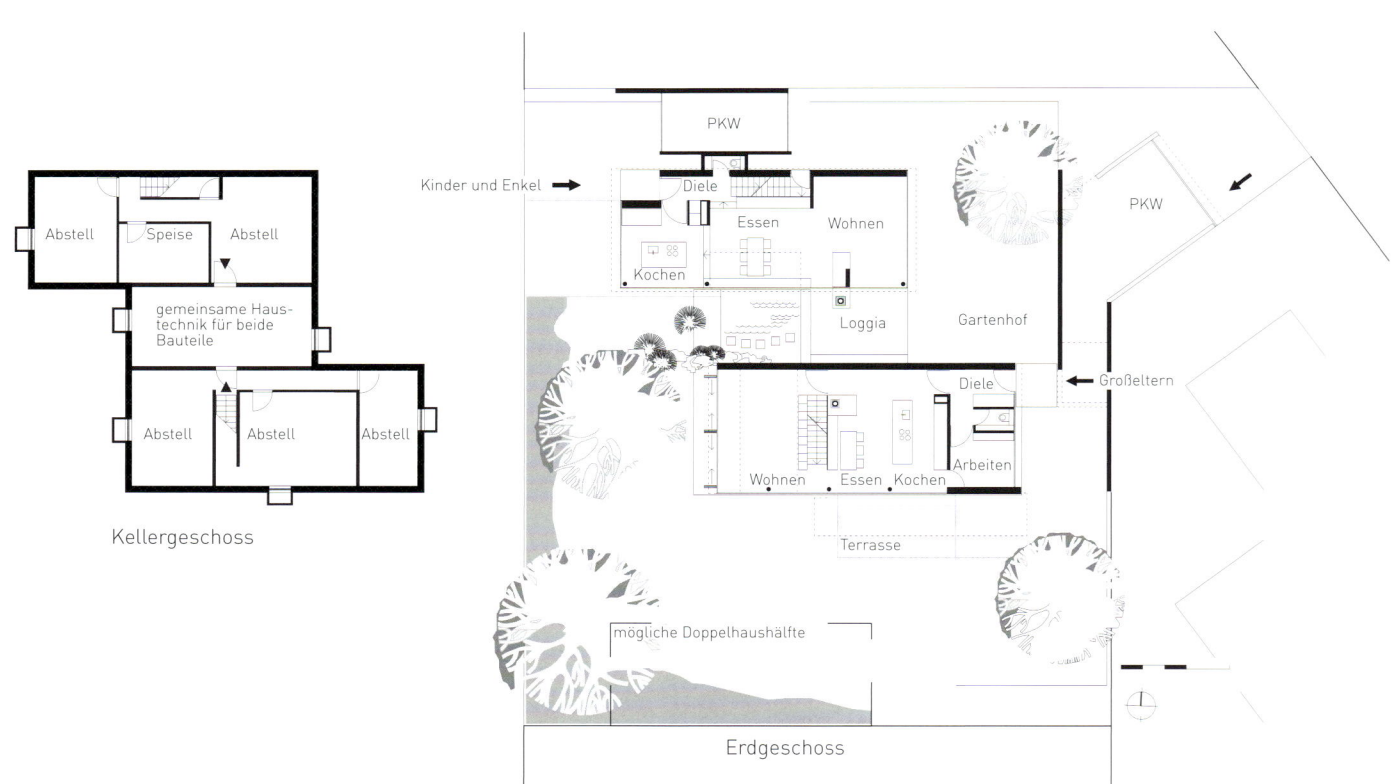

**Links:** Die zweigeschossige Wohngalerie im Haus der Großeltern ist geprägt von dem Bücherregal mit integrierter Treppe. Es dient sowohl als Sichtschutz für die dahinterliegende Wohnküche wie auch als lebendiger Hintergrund für die Wohnräume vorne. Durch die große Verglasung ist die Krone des Kastanienbaums immer im Blick.

Abstell    Speise    Abstell

gemeinsame Haustechnik für beide Bauteile

Abstell    Abstell    Abstell

Kellergeschoss

Kinder und Enkel →

PKW

Diele

Essen    Wohnen

Kochen

Loggia

Gartenhof

PKW

Diele

← Großeltern

Wohnen    Essen    Kochen

Arbeiten

Terrasse

mögliche Doppelhaushälfte

Erdgeschoss

## Besonderheiten:

→ Wahrung der Privatsphäre (Zugänge/Eingänge, Sichtschutz …)

→ gute Lösungen für individuelle Bereiche durch differenzierte Anordnung der Funktionsräume

→ Barrierefreiheit durch Schwellenlosigkeit innerhalb der Geschosse

→ Flexibilität durch Umbaumöglichkeiten in den Obergeschossen (z. B. Hinzufügen neuer Schlafzimmer)

## Baudaten:

**Bauzeitraum:** 2005–2006 (17 Monate)
**Grundstücksgröße:** 869 m²
**Wohnfläche:** je Haus 161 m² bzw. 162 m² zuzüglich
62 m² Terrassen und 16 m² Balkon
**Bruttorauminhalt (BRI):** gesamt 2.090 m³
**Bauweise:** massiv (Stahlbeton, gedämmt und verputzt)
**Energiekonzept:** Grundwasser-Wärmepumpe als Zentralheizung, kontrollierte Be- und Entlüftung mit Wärmerückgewinnung, je Wohneinheit ein Kaminofen im Wohnraum, passive Nutzung der Solarenergie
**Heizenergiebedarf/Jahr (nach EnEV):** 63,70 kWh/m²
**Gesamtkosten (inklusive Honorare, Steuern und Nebenkosten):** ca. 550.000 Euro je Haus

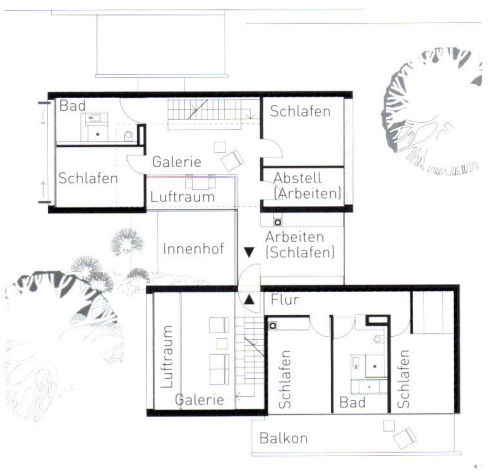

Obergeschoss

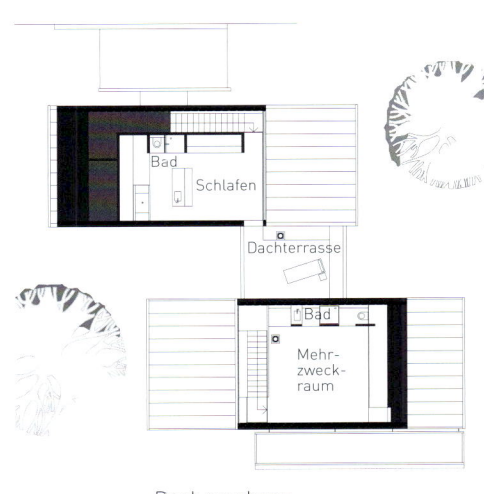

Dachgeschoss

# SKULPTURALES FAMILIENHAUS IM MEHRGENERATIONEN-GARTEN

Arquitectos ZT/ Heidi Pretterhofer und Dieter Spath, Wien
Projektmitarbeiterin: Vivien Chapeau

**Sie wohnen hier:** Die junge Familie mit drei Kindern im Neubau, die Großeltern im Altbau
**Das wurde gemacht:** Neubau eines Einfamilienhauses im Garten der Eltern
**Hier befindet sich das Projekt:** Graz (Österreich)

Die Ankunft des dritten Kindes gab den Anstoß zu dem Projekt. Die Wohnung der Familie in der Grazer Innenstadt war endgültig zu klein, es musste eine neue Lösung her. Wie es oft der Fall ist, schwankten die Bauherren in ihren Überlegungen zwischen dem Erwerb einer größeren Wohnung und dem Kauf eines Fertighauses. Beide Lösungen verwarfen sie unter anderem wegen des schlechten Preis-Leistungs-Verhältnisses und wegen gestalterischer Defizite. Stattdessen fiel ihnen ein, dass im Garten der

eigenen Eltern genügend Platz war, um dort den Wohntraum zu verwirklichen. Dabei halfen, nachdem sie bei den Eltern mit dem Vorhaben auf offene Ohren gestoßen waren, Heidi Pretterhofer und Dieter Spath vom Wiener Büro Arquitectos.

## Harmonisches Familienleben in zwei Häusern

Natürlich war die Entscheidung für den Bau auf dem elterlichen Grundstück nur gefallen, da sich Großeltern, Eltern und Enkel gut verstanden und auch regelmäßig sahen. Die Architekten hatten bereits vor einiger Zeit das Elternhaus so umgebaut, dass Spielräume für die Kinder und auch Platz für Übernachtungsaufenthalte entstanden waren. Stets war das Verhältnis zwischen den Generationen sehr eng geblieben – beste Voraussetzungen also, um in unmittelbarer Nachbarschaft zusammenzuleben. Die Erfahrung zeigt inzwischen, dass dies auch hervorragend klappt. Bei Bedarf gehen die Kinder einfach schnell hinüber ins Haus von Oma und Opa.

## Ein Holzhaus in weltläufige Architektursprache

Das aus der Steiermark stammende Architektur-Team versuchte keine abgehobenen Drahtseilakte, sondern entwarf ein ebenso funktionales wie wohnliches, dabei aber durchaus eigenständiges, ja in gewisser Hinsicht auch kühnes Familienheim. Ganz in Kreuzlagenholz-Konstruktion hergestellt und großenteils vorgefertigt, wird das Wohnhaus von einem deutlich kleineren, jedoch langgestreckten Lagergebäude mit integrierter Photovoltaikstation zur Straße hin abgeschirmt. Ein dynamisch wirkendes, als geneigtes Dreieck ausgebildetes Zwischendach verbindet die Baukörper zu einer baulichen Einheit. So entstand, dem Eingang zugeordnet, ein geschützter Freibereich im Hof, der auch gerne von den Kindern zum Spielen genutzt

Linke Seite: Rundum wohlfühlen im neuen Haus: Die junge Familie auf der Terrasse

Unten: Ansicht des Gebäudes von Osten. Die Frühstücksterrasse mit direktem Zugang zum Wohn-, Ess- und Kochbereich ist geschickt unter das Obergeschoss eingezogen und so vor Regen geschützt. Die südöstliche Fassade des Holzhauses wird durch das filigrane Metallgeflecht spannungsvoll strukturiert. Im Hintergrund das Haus der Großeltern, das die Architekten schon einige Jahre zuvor umgebaut hatten.

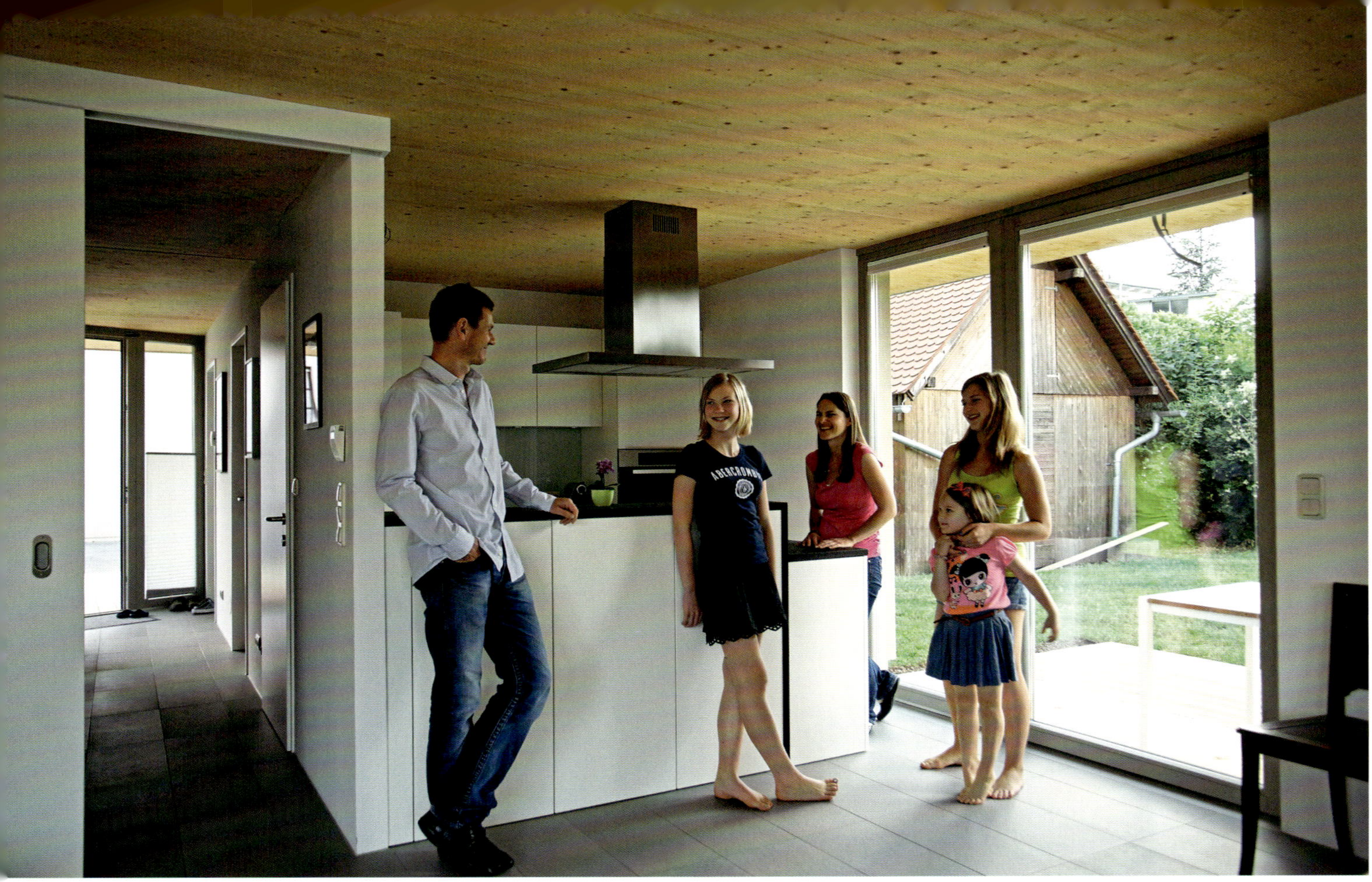

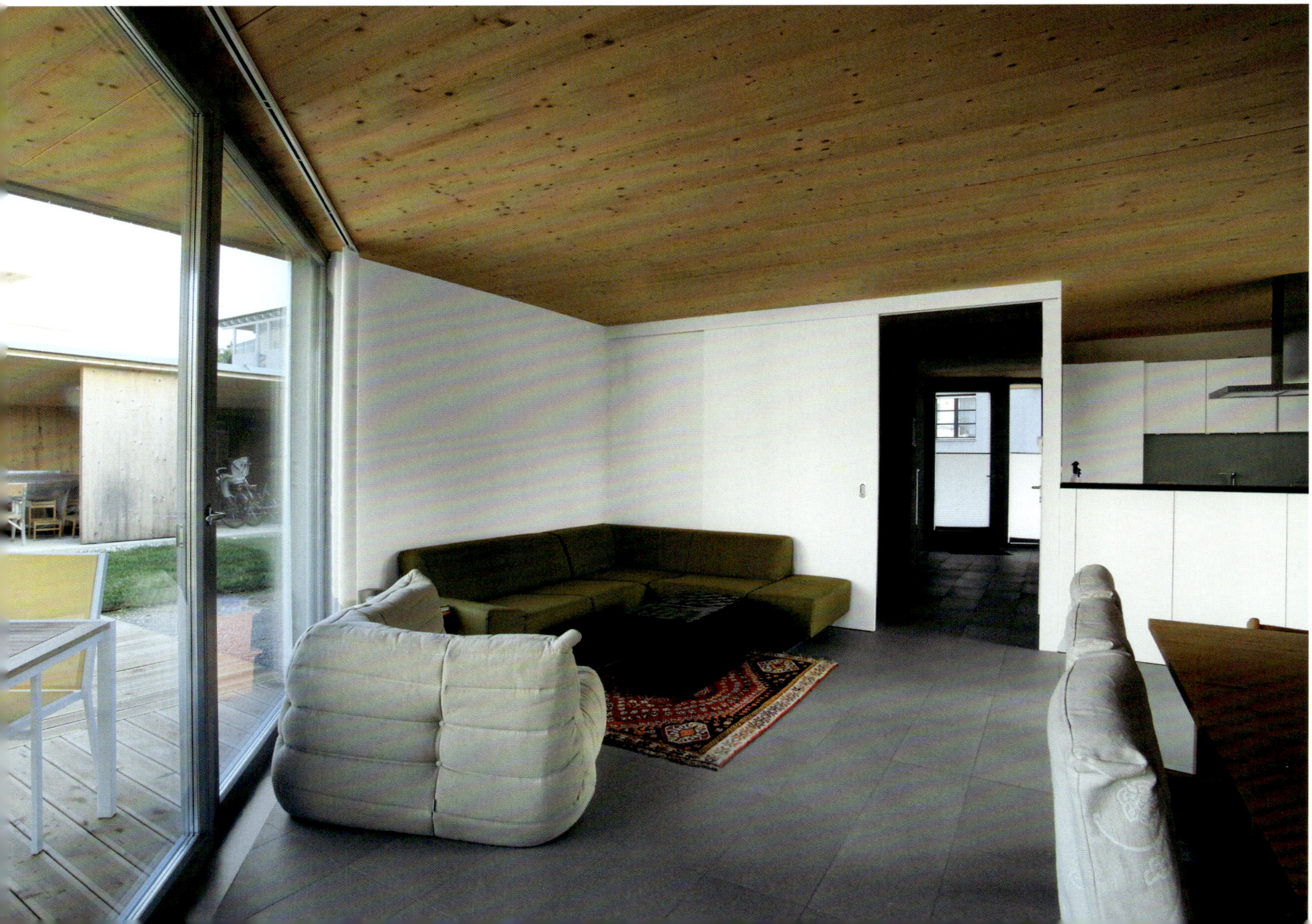

wird. Gleichzeitig wird gestalterisch die Zusammenge-
hörigkeit der neuen Gebäude gegenüber dem bestehenden Haus hervorgehoben. Nach Westen und Osten ist das
Erdgeschoss unter das Obergeschoss eingezogen, wodurch zusätzliche überdachte Freibereiche und Terrassen
entstanden sind. Die Fassadenausschnitte inszenieren
einerseits neue Blickbeziehungen, unter anderem auf den
Grazer Hausberg, blenden andererseits direkte Einblicke
aus – etwa von der Straße – und holen nicht zuletzt auch
wärmende Sonnenstrahlen ins Haus.

## Kompaktes Wohnen mit hoher Qualität im Detail

Im Erdgeschoss, das den gemeinsamen Bereich mit Wohnen, Essen und Kochen einschließt, fällt vor allem der
fünfeckige Raumzuschnitt ins Auge. Die darüber gelegene
Schlafebene lebt von den ungewöhnlich geneigten Decken,
die vom mehrfach gewalmten Dach herrühren. Der Grundriss im Obergeschoss ist dagegen ganz auf Funktionalität
und optimale Raumausnutzung ausgerichtet. So konnten
drei – aus Gerechtigkeits- und Kostengründen identisch
große – Kinderzimmer, das Elternschlafzimmer, zwei Bäder
und ein zusätzliches WC untergebracht werden. Alle vier
Zimmer haben direkten Zugang zum überdachten Balkon,
der die gesamte Länge der Nordwestfassade einnimmt.
Grundsätzlich war es das Bestreben der Architekten, viele
gut nutzbare Wohnbereiche im Freien zu schaffen, um Kos-
tenvorteile mit einer hohen Aufenthaltsqualität für alle Familienmitglieder zu verbinden. Allen Räumen gemeinsam
sind die lichte Atmosphäre und die warme Ausstrahlung der
Holzböden, Holzwände und Holzdecken, die das Fassadenmaterial gleichsam nach innen spiegeln. Im Erdgeschoss
dient ein pflegeleichter Plattenbelag optisch als ruhiger
Untergrund und energetisch als Speichermasse für die
einfallenden Wärmestrahlen der Wintersonne.

Linke Seite oben: Offenes Wohnen mit Durchblick: Links geht es zum
Hauseingang, rechts in den großen Garten. Die Eltern nutzen die angenehm schattige Terrasse gerne als Freiluft-Arbeitsplatz.

Linke Seite unten: Blick durch den Wohn-, Ess- und Kochbereich. Der
langgestreckte Schuppen schirmt das Haus wirkungsvoll gegen neu-
gierige Blicke und gegen Lärm ab.

Rechts alle: Die Zimmer der drei Töchter im Obergeschoss sind exakt
gleich groß, gleich strukturiert und besitzen direkten Zugang zum
durchlaufenden, gedeckten Balkon. Durch die hohen Decken gewinnen
die Räume ebenso wie durch die individuelle, nach Lieblingsfarbe und
sonstigen Vorlieben ausgerichtete Gestaltung.

**Oben:** Blick auf das Haus von Norden. Im Obergeschoss reihen sich von links nach rechts das Eltern- und die drei Kinderzimmer. Rechts hinten das Haus der Großeltern, auf dessen Sonnenseite sich ein gemeinsam genutzter Pool befindet.

**Links:** Von Südwesten fällt das keilartige, Haus und Schuppen zusammenfügende Vordach ins Auge. Hier entstand ein immer trockener Aufenthalts- und Spielplatz, wo sogar ein großes Trampolin Platz findet. Eine stegartige Terrasse führt zum Haus der Großeltern.

## Besonderheiten:

→ beidseitige Wahrung der Privatsphäre durch Fassadengestaltung und Gebäudeorientierung

→ planvolles Teilen vorhandener Infrastruktur wie Pool, Gartenhütte, Kanalisation

→ überdachter Eingangsbereich als gemeinsame Kommunikationszone

→ flexible Raumgestaltung im Obergeschoss durch entfernbare Zwischenwand

## Baudaten:

**Bauzeitraum:** 2010 (6 Monate)
**Grundstücksgröße:** 875 m²
**Wohnfläche:** 147 m² zuzüglich 35 m² Nutzfläche im Nebengebäude und 46 m² Terrassen/Balkone
**Bruttorauminhalt (BRI):** 577 m³ (ohne Nebengebäude)
**Bauweise:** Holzkonstruktion mit Kreuzlagenholz bei hohem Vorfertigungsgrad
**Energiekonzept:** Erdwärmepumpe als Zentralheizung und zur solaren Stromerzeugung, passive Nutzung der Solarenergie
**Heizenergiebedarf/Jahr:** 41 kWh/m²
**Gesamtkosten:** keine Angaben

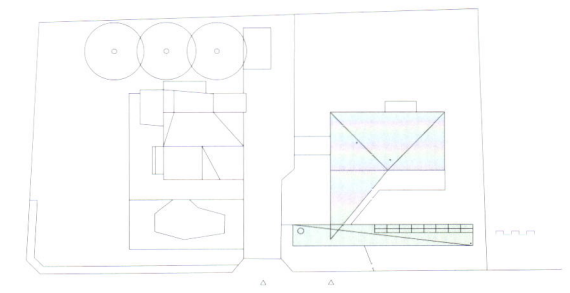

Lageplan

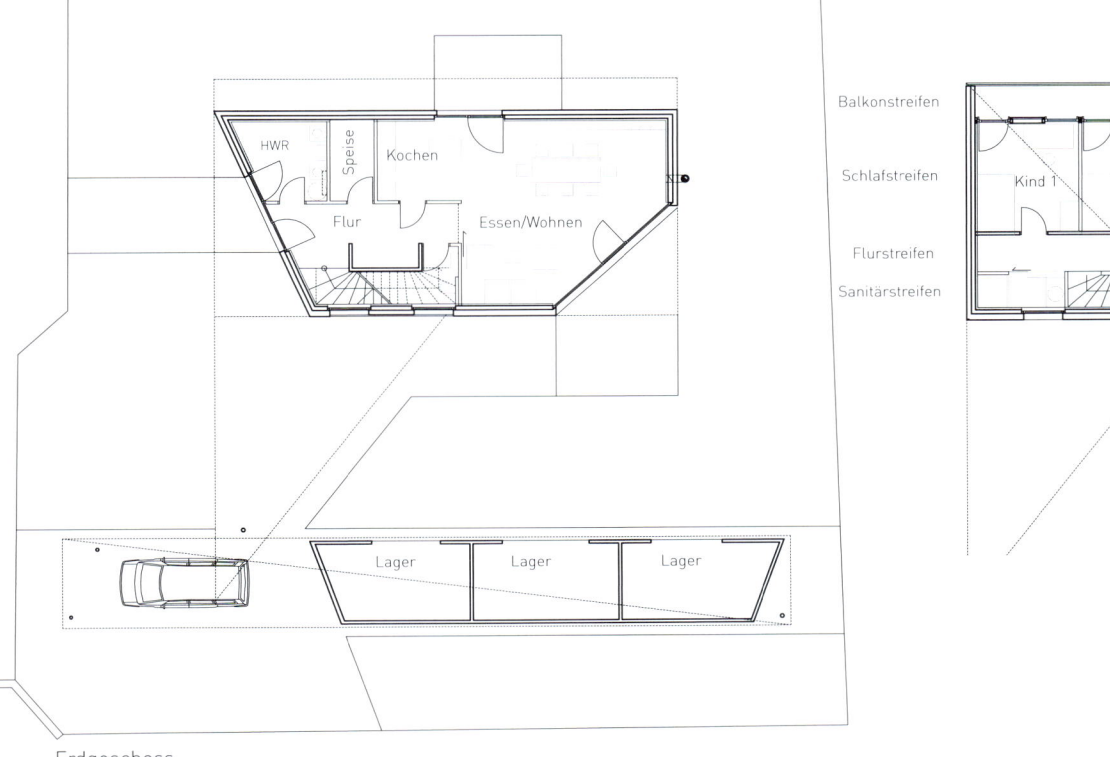

Erdgeschoss

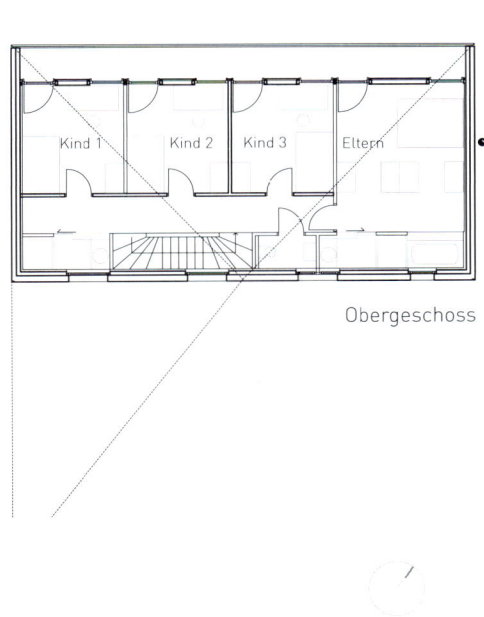

Obergeschoss

# ANBAULÖSUNG MIT PFIFF

baulampe architekten, Bielefeld

**Sie wohnen hier:** Die Eltern im Erdgeschoss, der Sohn mit Ehefrau im Obergeschoss
**Das wurde gemacht:** Anbau an ein 1950er-Jahre-Haus mit Teilumbau
**Hier befindet sich das Projekt:** Gütersloh

Wenn zwei Teile einer Familie unter einem Dach leben möchten, muss es keineswegs immer ein kompletter Neubau sein. Anbau- beziehungsweise Umbaulösungen genügen dem Bedarf oft vollkommen, wenn die Planung so umsichtig erfolgt wie bei dem hier vorgestellten Haus im westfälischen Gütersloh.

## Die »kleine Lösung« als Königsweg

Die im Siedlerhaus aus den 1950er-Jahren wohnenden Eheleute, deren Sohn vor Längerem ausgezogen war, suchten nach einer altersangepassten Lösung für den Lebensabend. Das Haus mit seinen insgesamt drei Geschossen und seinen hohen, steilen Treppen sowie den nicht altersgerechten Räumen musste entweder aufgegeben oder umgebaut werden. In diese Überlegungsphase fiel der Vorschlag des Sohns, zusammen mit seiner Frau einzuziehen und die nötigen Baumaßnahmen gemeinsam in Angriff zu nehmen. Da sich Eltern, Sohn und Schwiegertochter ausgezeichnet verstanden, brauchten sie nicht lange zu überlegen, um sich für ein Wohnen Tür an Tür zu entscheiden – zumal der Lösungsvorschlag des beauftragten Architekten, Thomas Lampe, sie spontan überzeugte: Ein schmaler und hoher Anbau mit Flachdach sollte das bestehende Satteldachhaus in der Länge fortsetzen und auf dem Dach eine große Terrasse schaffen. Ein separater Zugang über eine Außentreppe war der jungen Generation wichtig, um eine klare Trennung zu schaffen. Eine gemeinsame weiße Putzfassade würde Altbau und Erweiterung optisch zusammenfügen.

Links: Gesamtansicht von Südosten mit Erweiterung und neuer Erschließung

Rechte Seite: Ansicht des Anbaus von Südwesten. Der Altbau wurde äußerlich nicht verändert.

Oben: Das neue, im Erdgeschoss eingebaute Badezimmer der Eltern ist schwellenlos gestaltet und altersgerecht ausgestattet.

Rechte Seite oben: Blick vom Essbereich zum Übergang in den neuen Bauteil

Rechte Seite unten: Die neue Wohnung von Sohn und Schwiegertochter fasst Ess- und Kochbereich zusammen. Eine platzsparende Schiebetür trennt den Eingangsbereich ab.

## Verschiedene Wohnebenen, altersangepasste Lösungen

Mit der Erweiterung ging auch eine Umstrukturierung des Grundrisses einher, die sich an den Notwendigkeiten und dem Alter der beiden Parteien orientiert: Während die ältere Generation nach dem Umbau ganz im Erdgeschoss wohnt, haben nun Sohn und Schwiegertochter die beiden Ebenen darüber für sich. Die Eltern bekamen ein Schlafzimmer im Erdgeschoss des Anbaus hinzu, von dem aus sie die Terrasse direkt und schwellenlos erreichen können. Das Wohnzimmer blieb unverändert, jedoch wurde neben dem Eingangsbereich ein neues, alters- und behindertengerechtes Badezimmer mit ebenfalls schwellenlos erreichbarer Dusche geschaffen. Die Glas-Faltwände der Dusche schaffen reichlich Bewegungsraum auch für Rollstühle, zudem gibt es einen klappbaren gepolsterten Sitz und bedarfsgerechte Haltegriffe. Über die bestehende Treppe bleiben die beiden Einheiten intern verbunden, sodass bei etwaigem Pflegebedarf keine weiteren Umbaumaßnahmen nötig würden. Der durch eine Außentreppe erreichbare Haupteingang zur Wohnung des jungen Ehepaars liegt nun jedoch im Obergeschoss des Anbaus. Rechts davon – im Bereich des Altbaus – befinden sich die Essküche, ein Arbeits- beziehungsweise Kinderzimmer und Bad, links im Neubau der Wohnraum und darüber das Schlafzimmer mit Ankleide, ebenfalls im ausgebauten Dachgeschoss des Altbaus. Von dort ist wiederum über einige Stufen die Dachterrasse auf dem Anbau erreichbar, die mit einem witterungsbeständigen und fußwarmen Lärchenholzrost belegt ist.

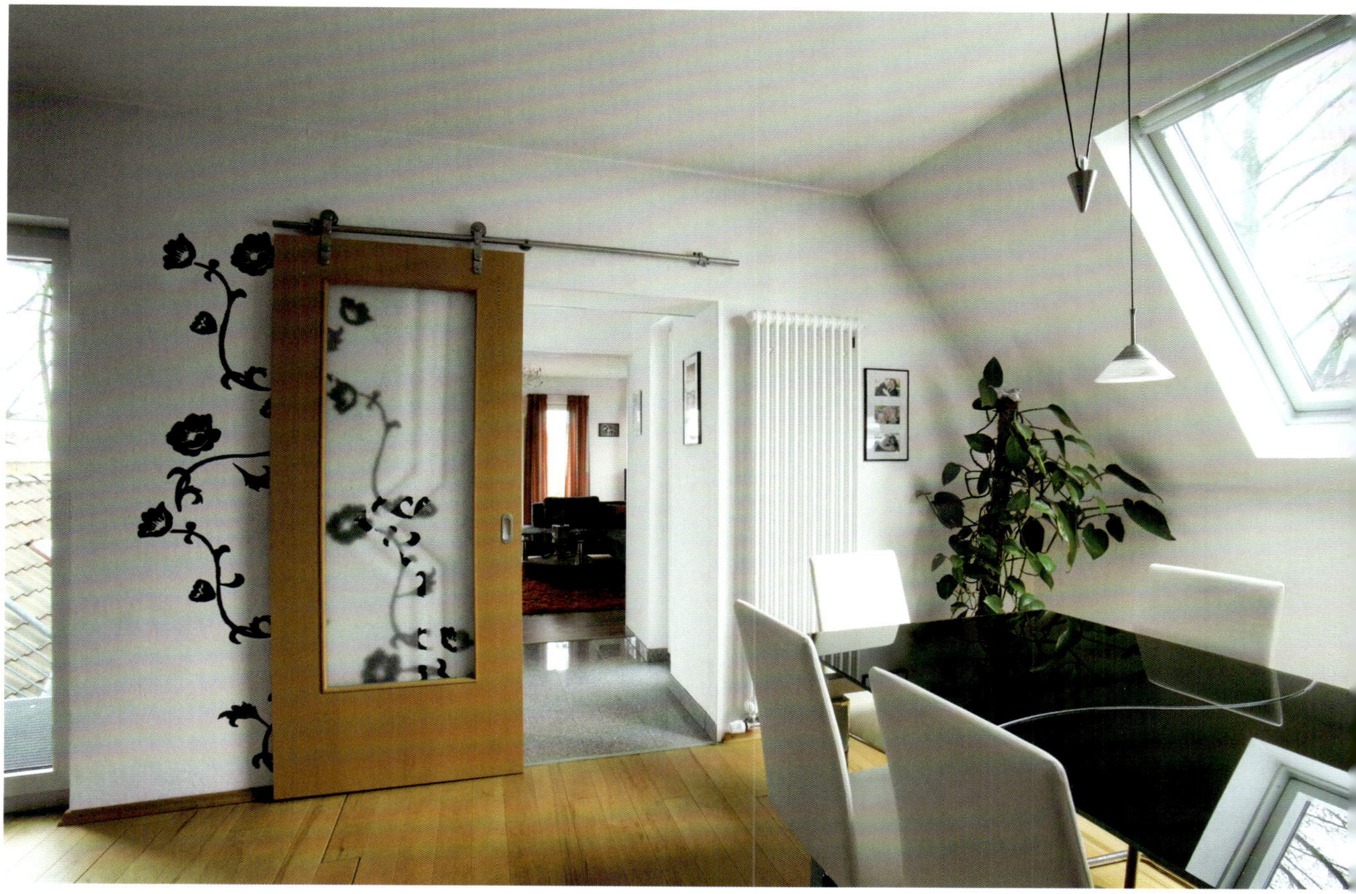

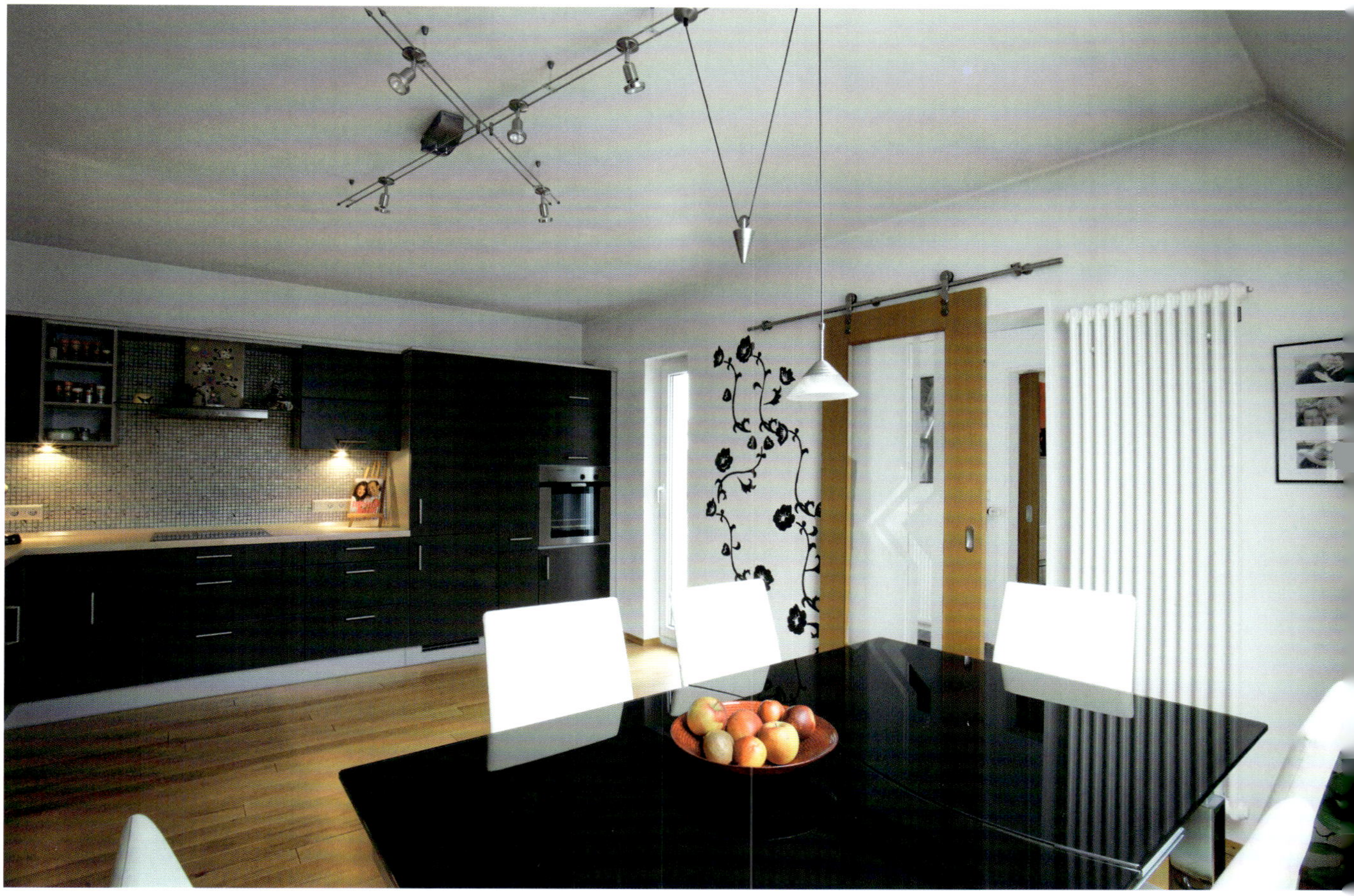

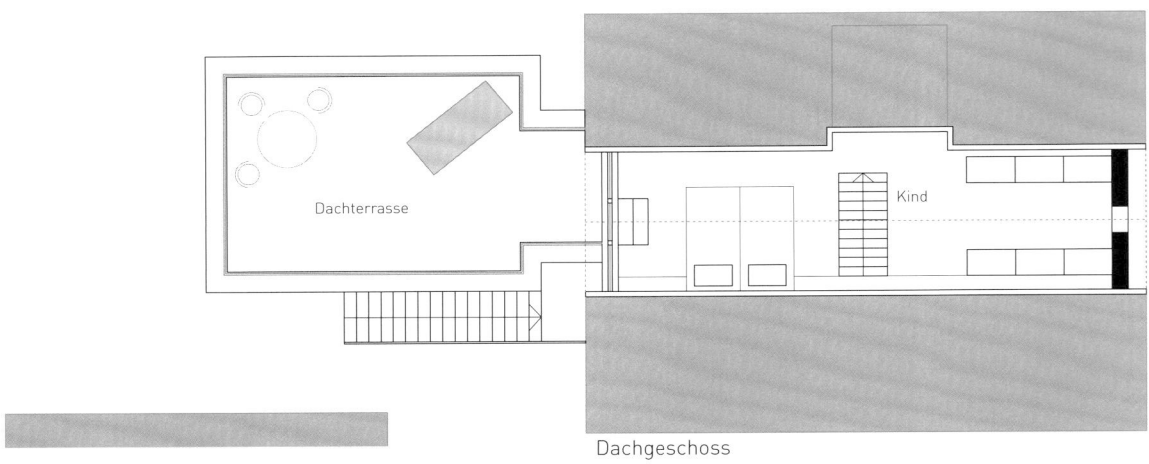

Dachgeschoss

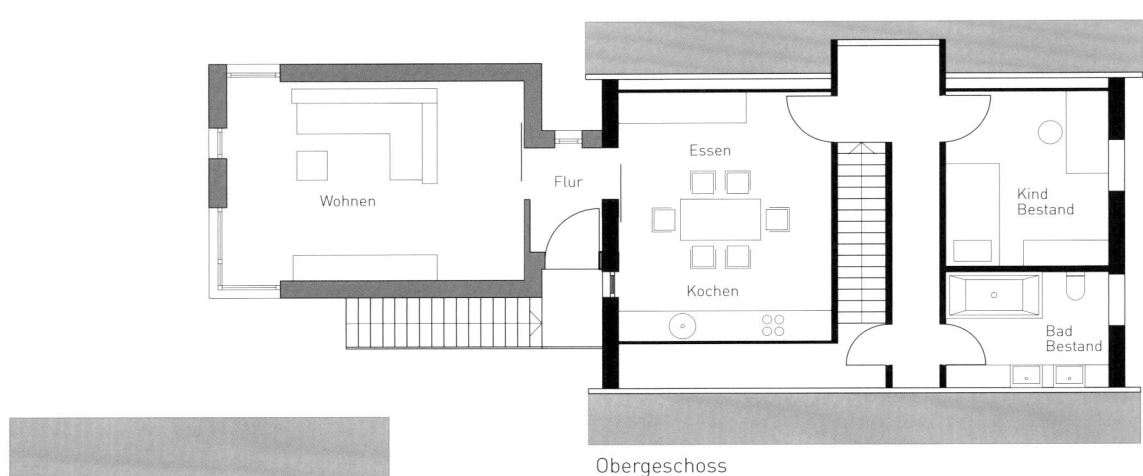

Obergeschoss

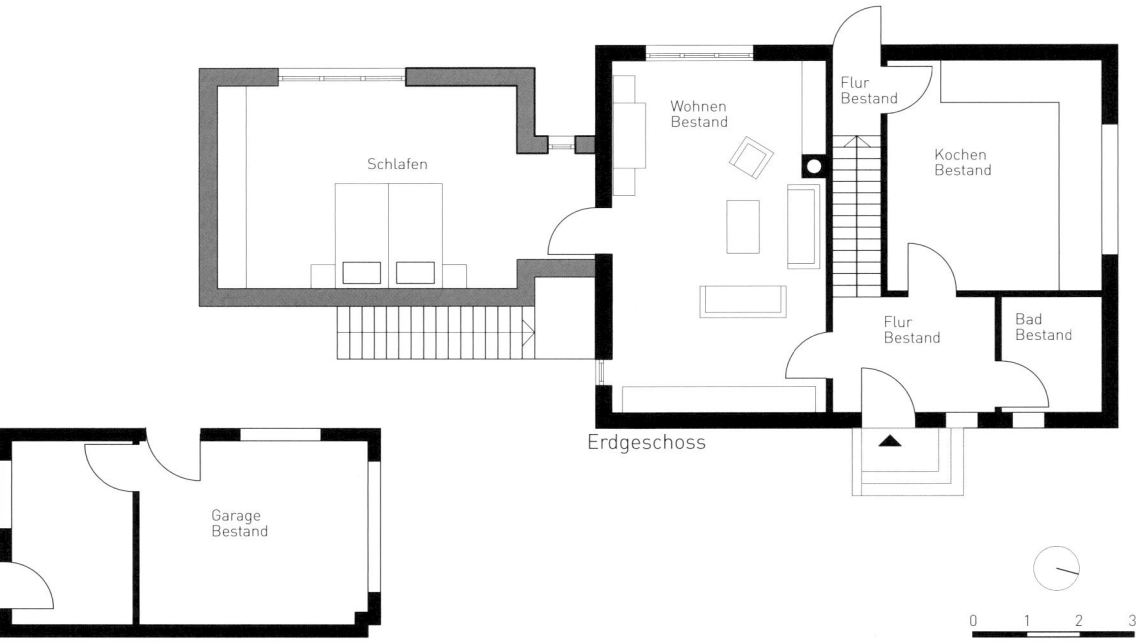

Erdgeschoss

Oben links: Die Erweiterung ist über eine Außentreppe und den Eingang im Obergeschoss separat zugänglich.

Oben Mitte: Der neue, im Dachgeschoss des Altbaus untergebrachte Schlafbereich der jungen Generation mit komplett verglaster Giebelseite ist direkt mit der Dachterrasse auf dem Anbau verbunden.

Oben rechts: Über den Dächern: Die Dachterrasse schafft einen eigenen, intimen Freibereich.

## Besonderheiten:

→ barrierefreies Wohnen im Erdgeschoss

→ Wahrung der Privatsphäre durch planvolle Abtrennung der Wohneinheiten (eigene Zugänge) trotz gemeinsamen Wohnens

→ offene, flexible Grundrissgestaltung

→ Schaffung eines eigenen Freibereichs für die junge Generation (Dachterrasse)

## Baudaten:

**Baujahr Altbau:** 1954
**Zeitraum Umbau und Erweiterung:** 2007 (8 Monate)
**Grundstücksgröße:** ca. 570 m²
**Wohnfläche vor Umbau/Erweiterung:** gesamt 140 m²
**Wohnfläche nach Umbau/Erweiterung:** Wohnung Sohn/Ehefrau 130 m² zuzüglich 20 m² Dachterrasse, Wohnung Eltern 90 m² zuzüglich 25 m² Terrasse
**Bruttorauminhalt (BRI) nach Umbau/Erweiterung:** 200 m³
**Bauweise:** massiv (Altbau Ziegelmauerwerk, Neubau Kalksandstein, gedämmt und verputzt; Stahlbetondecken)
**Energiekonzept:** Gas-Zentralheizung für beide Wohneinheiten
**Heizenergiebedarf/Jahr (Neubau):** ca. 60 kWh/m²
**Gesamtkosten brutto (Umbau und Erweiterung; inklusive Honorare, Steuern und Nebenkosten):** ca. 90.000 Euro

# MITEINANDER LEBEN UND ARBEITEN

Architekt Markus Götz, Neustadt a.d. Waldnaab

**Sie wohnen hier:** Die junge Familie mit zwei kleinen Kindern im Obergeschoss, die Großeltern und die Schwester im Erdgeschoss
**Das wurde gemacht:** Komplettumbau des Altbestands zu drei separaten Wohneinheiten
**Hier befindet sich das Projekt:** Oberpfalz/Bayern

Im Jahr 1964 wurde der landwirtschaftliche Betrieb der Familie in den Außenbereich des Oberpfälzer Dorfs verlagert. Das damals errichtete Wohnhaus mit seinen überschaubaren 130 Quadratmetern Wohnfläche diente immer drei bis vier Generationen der Familie – in wechselnden Konstellationen – als Mittelpunkt des Lebens und Arbeitens. Vor einigen Jahren führte kein Weg mehr an der Erkenntnis vorbei, dass das Gebäude zeitgemäßen Ansprüchen an Platz, Komfort und Unterhaltskosten nicht mehr genügte. Man setzte sich mit dem Architekten zusammen und

fand schließlich eine Lösung, die die weitere Nutzung des Gebäudes erlaubte: Da eine Verlagerung oder ein Anbau nicht infrage kamen, entschied man sich für einen Komplettumbau mit Abbruch des Dachstuhls sowie Neubau eines kompletten Obergeschosses mit Satteldach. Wie auch sonst bei der landwirtschaftlichen Tätigkeit, nahmen alle erwachsenen Familienmitglieder die praktische Herausforderung des Umbaus an, in den sie jede freie Minute investierten.

## Komfortabel und kommunikativ wohnen

Neben der nicht mehr zeitgemäßen äußeren Gestalt sowie der veralteten Haus- und Dämmtechnik konnten durch den Umbau das Platzangebot, die Raumaufteilung und die Erschließung erheblich verbessert werden. Unter anderem erhält der vormals dunkle, jetzt durchgesteckte Flur im Erdgeschoss von zwei Seiten Licht. Ein neuer, zur Sonne und zur Landschaft ausgreifender, loggienartiger Treppenhausanbau auf der Ostseite bildet die neue vertikale Erschließung, in die auch die während des Baus umgedrehte Kellertreppe einbezogen wurde. Der sich bestens einfügende, innen holzverschalte Anbau verbindet nicht nur die drei Wohneinheiten – die der Großeltern und der Schwester im Erdgeschoss sowie die der Familie des Bruders im Obergeschoss –, sondern fungiert auch als viel genutzter Begegnungs- und Kommunikationsraum. Im Obergeschoss gibt es sogar einen lichtdurchfluteten Aufenthaltsplatz mit Sitzgruppe. Gerade ein solches, gleichsam auf gemeinsamem Terrain angesiedeltes kommunikatives Zentrum, das bei einem zusammen bewirtschafteten Betrieb von besonderer Bedeutung ist, hatte vorher gefehlt. Daneben übernimmt der Bauteil auch die Funktion eines Wärmepuffers; an der Nordseite befindet sich ein zweiter ebenerdiger Zugang.

Linke Seite: Blick vom neu angebauten Treppenhaus und der Loggia Richtung Hof. Heimische und unbehandelte Materialien (Fichtenholz, Granit) sowie der Außenbezug bestimmen den Raum.

Unten: Gesamtansicht von Südwesten. Die leicht verschoben angeordneten Fenster verleihen dem Gebäude zusammen mit den Putzumrandungen einen skulpturalen Charakter und machen die leicht unterschiedliche Grundrissstruktur der Ebenen deutlich.

### Drei Parteien auf zwei Ebenen

Auf beiden Geschossen, die schon aus statischen Gründen ähnlich strukturiert sind, orientieren sich die wichtigsten und »lichtbedürftigsten« Räume wie Wohn- und Kinderzimmer zur Südseite. Der vierköpfigen jungen Familie dient ein neuer Nordbalkon als geräumiger Frühstücksplatz oder auch als kühler Aufenthaltsraum für heiße Tage. Das vormals direkt zur westlichen Straße orientierte Schlafzimmer der Großeltern wurde aus Lärmschutzgründen in das frühere Kinderzimmer verlegt. Die Einliegerwohnung der Schwester im Erdgeschoss ist dem ostseitigen Eingang und dem Treppenhaus zugeordnet, um die leichte Trennung der Einheiten zu unterstreichen.

### Anpassung im Äußeren

Auch die äußere Gestalt des Hauses erhielt eine vorsichtige neue Akzentuierung. Traditionelle architektonische Stilmittel wurden gekonnt aufgegriffen und in einen neuen Kontext übersetzt; so finden sich die für die Gegend typischen breiten Fensterumrandungen, jedoch ganzscheibige Verglasungen statt Sprossenfenstern. Der Ausblick in die Landschaft wird durch größere Öffnungen und teils schräg geschnittene Laibungen inszeniert, zum Hof hin dominieren kleinteiligere Fassadenöffnungen. Den glatt verputzten Außenfassaden stehen im Inneren wohnliche Holzoberflächen gegenüber.

**Rechts oben:** Frühstücks- und Ruhebereich der jungen Familie im Treppenhausanbau. Durch die Schiebetür kann dieser Bereich schnell in eine offene Loggia verwandelt werden. Großflächige Verglasungen holen die Landschaft herein, niedrige Raumhöhen schaffen Geborgenheit.

**Recht unten:** Blick vom Wohnzimmer in die Wohnküche des Erdgeschosses, wie im Obergeschoss mit Blick zum Hof. An die Stelle des Balkons tritt hier eine Veranda. Jede Einheit besitzt einen eigenen Holzofen.

**Linke Seite:** Im Obergeschoss: Die zum Balkon und zum Hof orientierte Wohnküche ist der Hauptaufenthaltsbereich der jungen Familie.

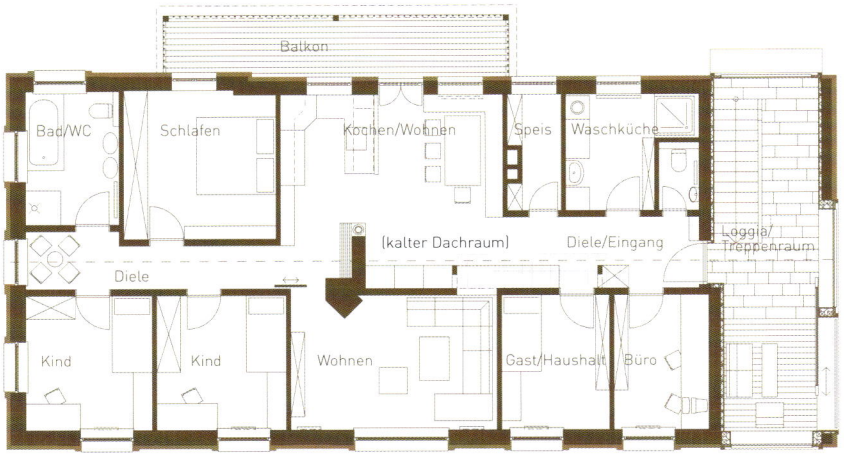

**Obergeschoss**

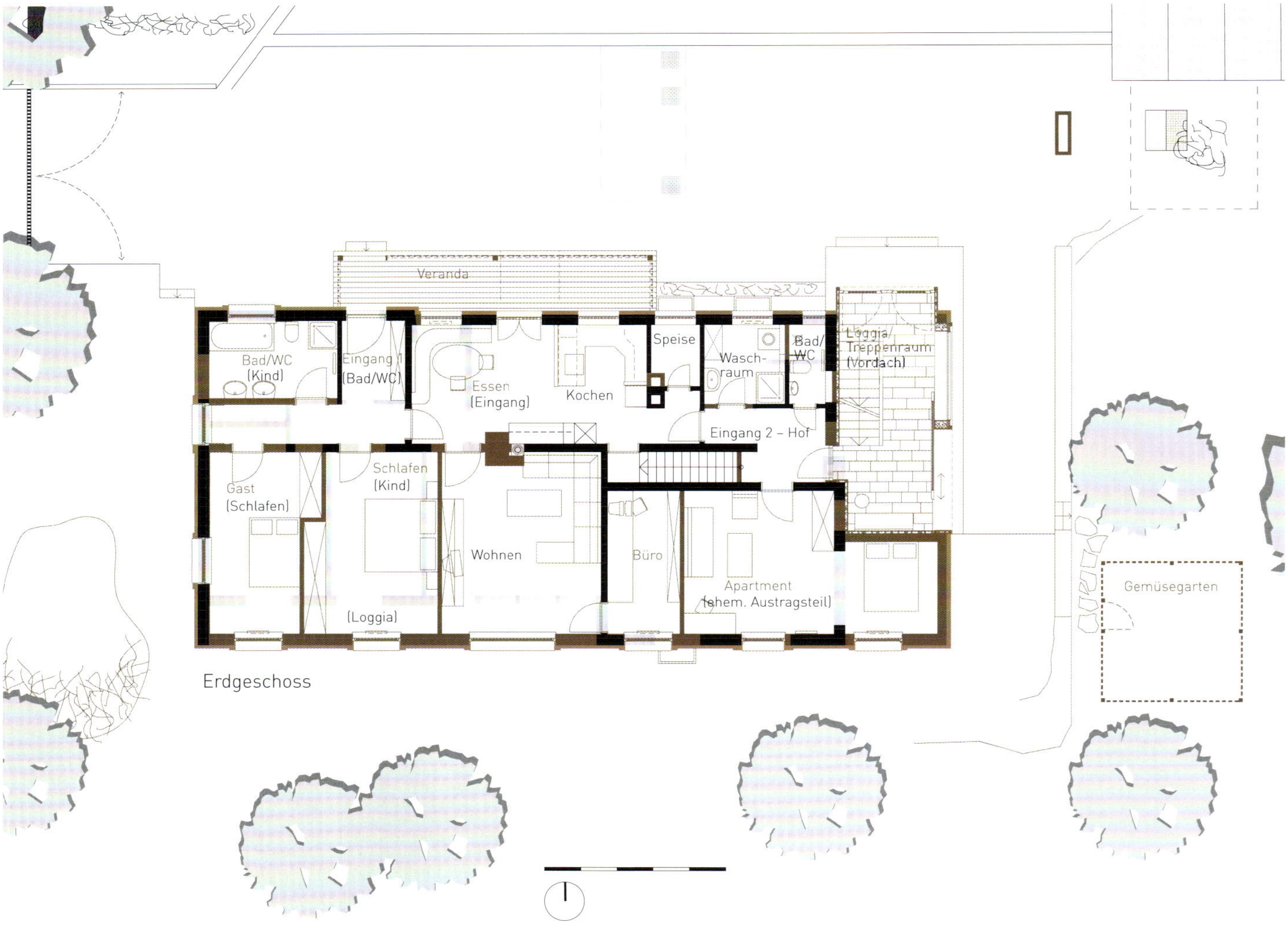

Balkon

Bad/WC | Schlafen | Kochen/Wohnen | Speis | Waschküche

Diele

(kalter Dachraum) | Diele/Eingang

Loggia/Treppenraum

Kind | Kind | Wohnen | Gast/Haushalt | Büro

**Erdgeschoss**

Veranda

Bad/WC (Kind) | Eingang (Bad/WC) | Essen (Eingang) | Kochen | Speise | Wasch-raum | Bad/WC

Loggia/Treppenraum (Vordach)

Gast (Schlafen) | Schlafen (Kind) | Wohnen | Eingang 2 – Hof | Büro

(Loggia)

Apartment (ehem. Austragsteil)

Gemüsegarten

Schwarz: erhalten gebliebene Bauteile
Braun: neu eingebaute Bauteile
Bauteile Grau: abgebrochene Bauteile
Schwarzer Text: ehemalige Nutzung
Brauner Text: neue Nutzung

## Besonderheiten:

→ schwellen- und barrierefreie Gestaltung innerhalb
  der Geschosse

→ rollstuhlgerechte Zugänge, flexible Raumlösungen
  (z. B. Einliegerwohnung im Erdgeschoss)

→ »Begegnungsbauwerk« für alle Familienmitglieder

→ individuelle Rückzugsräume und Freibereiche
  für alle Generationen

## Baudaten:

Baujahr Altbau: 1964
Zeitraum Umbau und Erweiterung: 2005–2011 (in Etappen)
Grundstücksgröße: ca. 5.800 m²
Wohnfläche: vor Umbau ca. 130 m², nach Umbau ca. 310 m²
zuzüglich 57 m² Nutzfläche und ca. 50 m² Terrassen/
Loggien/Balkone
Bruttorauminhalt (BRI): ca. 900 m³ vor Umbau, ca. 1.800 m³
nach Umbau
Bauweise: Bestand massiv (Betonhohlkammersteine, Hohl-
kammerdecken), neue Bauteile Mischbauweise (Ziegelmauerwerk,
Holzbalkendecken)
Energiekonzept: Holzscheitkessel als Zentralheizung, Solarkollek-
toren; je Wohneinheit zusätzlich ein Grundofen
Heizenergiebedarf/Jahr nach Sanierung (Erweiterung):
27,67 kWh/m²
Gesamtkosten: keine Angaben

Oben links: Das hinzugefügte »Begegnungsbauwerk« ermöglicht nicht nur die vertikale Erschließung der drei Ebenen, sondern dient vor allem auch der Kommunikation der Generationen,
schafft Rückzugsmöglichkeiten und Spielraum für die Kinder.

Oben rechts: Eingangssituation, vom Hof aus gesehen. Eine
Tür führt bei Bedarf direkt über die Treppe ins Obergeschoss,
die andere an der Treppe vorbei zum rückwärtigen Eingang des
Erdgeschosses.

# ZUSAMMEN ANPACKEN: VOM SANIERUNGS-FALL ZUM DREIGENERATIONEN-HAUS

Architekt Markus Götz, Neustadt a.d. Waldnaab

**Sie wohnen hier:** Die junge Familie mit vier kleinen Kindern im Erd- und Obergeschoss, die Großeltern im neuen Untergeschoss

**Das wurde gemacht:** Komplettumbau des Altbestands zu zwei getrennten Wohneinheiten

**Hier befindet sich das Projekt:** Oberpfalz/Bayern

Wenn das Elternhaus auch nach dem Auszug der erwachsenen Kinder noch als sozialer Anziehungspunkt wirkt, zu dem man gern zurückkehrt, und wenn man sich in der Umgebung verwurzelt fühlt, dann ist eine Mehrgenerationenlösung immer empfehlenswert. In diesem Fall ermöglichte das harmonische Verhältnis und die gute gesundheitliche Verfassung der Senioren sogar eine intensive Zusammenarbeit bei den Abbruch- und Umbaumaßnahmen – aufgrund des beträchtlichen Anpassungsbedarfs eine wichtige Voraussetzung für das Gelingen des Projekts.

Neben fast allen Ausräum- und Abbrucharbeiten übernahm die Familie viele Gewerke im Neubau und erstellte die Außenanlagen komplett in Eigenleistung.

## Raumzusammenhänge neu organisiert und flexibel gestaltet

Zu Anfang waren die Bauherren noch für die teilweise Umgestaltung des Altbaus durch den Einbau von großen Gauben oder Zwerchgiebeln. Nach einigen Besprechungen mit dem Architekten und verschiedenen Entwürfen kam man allerdings bald überein, dass ein weitgehender Umbau in zeitgemäßer Architektursprache mit modernen Grundrisslösungen sinnvoller wäre. Die geschossweise Aufteilung des 1979 errichteten Gebäudes blieb bestehen und sollte durch eine räumliche Trennung unterstrichen werden, was unter anderem durch die beiden separaten Eingänge im Erdgeschoss und den Eingang für die Großeltern im Untergeschoss zum Ausdruck kommt.

**Links:** Ansicht von Südwesten. Durch vor- und zurückspringende Volumina, unterschiedliche Gebäudehöhen, Materialwechsel und Verschneidungen entsteht zusammen mit der bestehenden Garage ein neues Gesamtgefüge. Jede Wohnung hat ihren eigenen Freibereich.

**Rechte Seite:** Durch das Freigraben des früheren Kellergeschosses entstand eine helle, ebenerdige Wohnung mit eigener Terrasse und separatem Zugang von Westen. Großflächige Verglasungen haben die früheren kleinteiligen Fenster ersetzt und die Belichtung erheblich verbessert. Der Rücksprung in der Fassade entstand aus dem erhalten gebliebenen Kamin.

Die eher kleinen, dunklen Zimmer und schlecht ausgenutzten Flächen wurden zu großzügigen, hellen Räumen mit großen Verglasungen und direkten Zugängen zum Garten. Zur Klärung der Raumsituation trug auch die Entfernung der zwei Spindeltreppen bei, die durch eine einzige gerade, alle Ebenen verbindende und gut belichtete Treppe beim neuen Eingang ersetzt wurde. Die Räume sind nach Süden, Westen und Osten ausgerichtet, während sich das Gebäude nach Norden aus energetischen Gründen, aber auch wegen eines Gewerbebetriebs und einer Überlandstraße auf dieser Seite geschlossen gibt. Neben der Anpassung von Dämmung, Luftdichtigkeit und Haustechnik an die heutigen Standards, die durch eine Wärmepumpe und eine kontrollierte Wohnraumlüftung übererfüllt werden, wurden aus statischen und ästhetischen Gründen auch Erd- und Obergeschossdecken neu gestaltet; dunkles Holz und Rauputz verschwanden zugunsten freundlicher Farben und glatter Oberflächen. Die Erweiterung des Untergeschosses ermöglichte es, im Erdgeschoss eine nach Südwesten orientierte Loggia zu schaffen, die den Wohnraum der jungen Familie außen fortsetzt und durch große Glasflächen viel Licht hereinholt. Küche und Essbereich wurden durch den teilweisen Abbruch der Zwischenwand verbunden.

Das Obergeschoss, wo sich heute die Kinderzimmer und das Elternschlafzimmer befinden, kann dank flexibler Planung später einmal zum reinen Kindergeschoss werden. Das jetzige Gästezimmer würde dann zum Elternschlafzimmer. Erd- und Obergeschoss können bei Bedarf auch durch den Einbau einer Wohnungstür zwischen Windfang/Eingang und Garderobe ganz voneinander getrennt werden.

### Vom dunklen Keller zur Wohlfühlwohnung für die Senioren

Um für die Großelternwohnung eine optimale Belichtung und Atmosphäre zu gewährleisten, bedurfte es einer wahren Metamorphose des Kellergeschosses, das kein richtiges Fenster besaß und ausschließlich Heiztechnik- und Lagerräume aufwies. Das Erdreich wurde nach Westen großflächig abgegraben und so der Einbau großzügiger Fenster und des neuen, rollstuhlgerechten Zugangs ermöglicht. Durch die Erweiterung des Untergeschosses nach Südwesten entstand genügend Platz für die Wohnung. Der Einbau einer Erdsonden-Wärmepumpe anstelle der alten Ölheizung ermöglichte es, den frei werdenden Raum zum neuen Schlafzimmer zu machen, das ehemalige Lager wurde zum Wohnzimmer.

**Oben:** Im Obergeschoss: Blick vom Spielbereich zur Dachterrasse. Bei einer späteren kompletten Nutzung der Wohnebene durch die Kinder kann hier eine gemeinsame Wohn-, Ess- und Kochzone entstehen.

**Linke Seite:** Blick vom Wohn-/Essbereich in den Flur. An die Stelle von Rauputz- und dunklen Holzoberflächen sind glatte Putze und helle Oberflächen getreten. Die früher geschlossene Küche wurde zum Essbereich geöffnet.

**Unten:** Das Reich der Großeltern: Blick vom Wohn- zum offenen Essbereich. Das Mehrgenerationenwohnen zeigt sich natürlich auch in einer individuellen Möblierung.

Schwarz: erhalten gebliebene Bauteile
Braun: neu eingebaute Bauteile
Bauteile Grau: abgebrochene Bauteile
Schwarzer Text: ehemalige Nutzung
Brauner Text: neue Nutzung

**Obergeschoss**

Schlafen/
Wohnen
[Dachraum]

[Treppen-
haus]

Bad/WC/
Wellness
[Dachraum]

[Kind]

Kochen/Essen

Bad/WC

Dachterrasse

[Balkon]   [Kind]   [Schlafen]

Kind

Kind   Kind

**Erdgeschoss**

Terrasse

Essen
[Kaminzimmer]

[Treppen-
haus]

Bad/WC

Kochen

Gäste

[Gäste WC]

[Essen]

Garderobe
[Eingang]

Werkstatt

Loggia
[Terrasse]

Wohnen

Büro/
Gäste

WF/
Eingang
[Zimmer]

Garage

Veranda

**Untergeschoss**

[Heizraum/
HA]

Schlafen
[Werk-
statt]

Keller
[Öltank]

Keller

Heiz-
raum/HA
[Keller]

Essen/Kochen
[Keller]

Wasch-
raum

Terrasse

WF/Eingang

Wohnen
[Keller]

Bad/WC
[Keller]

Gäste
[Keller]

[Treppen-
raum]

Flur/
Lager
[Keller]

Oben links: Die Terrasse auf dem Flachdach des Obergeschosses. Der Holzkörper schafft einen intimen Bereich, gleichzeitig bieten sich aber auch weite Ausblicke auf die Altstadt.

Oben rechts: Der auskragende neue Holzkörper beherbergt die Kinderzimmer und schafft gleichzeitig gedeckte Terrassen- und Eingangsbereiche.

## Besonderheiten:

→ schwellen- und barrierefreie Gestaltung, rollstuhlgerechte Zugänge, in der Großelternwohnung zusätzlich voll behindertengerechtes Badezimmer

→ flexible Raumlösungen für das Obergeschoss/ Bereich Eltern-Kinder

→ spätere Abtrennbarkeit von Erd- und Obergeschoss

→ Freibereiche zur individuellen, teils auch gemeinsamen Nutzung

## Baudaten:

Baujahr Altbau: 1979
Zeitraum Umbau und Erweiterung: 2005–2010 (in Etappen)
Grundstücksgröße: 1.315 m²
Wohnfläche: vor Umbau 197 m², nach Umbau 303 m² zuzüglich 72 m² Nutzfläche und ca. 100 m² Terrassen/Balkone
Bruttorauminhalt (BRI): 1.325 m³ vor Umbau, 1.790 m³ nach Umbau
Bauweise: Bestand massiv (Ziegelmauerwerk und Stahlbetondecken), neue Bauteile Mischbauweise (Ziegelmauerwerk, Holz, Stahlbeton)
Energiekonzept: Erdsonden-Wärmepumpe als Zentralheizung, Solarkollektoren vorbereitet; je Wohneinheit ein Holzscheitofen; kontrollierte Be- und Entlüftung mit Wärmerückgewinnung
Gesamtkosten: keine Angaben

# RUNDUMERNEUERUNG FÜR VIER GENERATIONEN

Architekt Markus Götz, Neustadt a.d. Waldnaab

**Sie wohnen hier:** Die junge Familie mit zwei Kindern im Erd- und Obergeschoss, die Großeltern und ursprünglich die Urgroßmutter im Untergeschoss
**Das wurde gemacht:** Bauliche und energetische Komplettsanierung
**Hier befindet sich das Projekt:** Oberpfalz/Bayern

Ein Fall, wie er häufig anzutreffen ist, bildete für den Architekten den Ausgangspunkt der planerischen Überlegungen: Die junge Familie mit zwei kleinen Kindern wohnte in einer zu eng gewordenen Dachwohnung, die Großeltern mit der pflegebedürftigen Urgroßmutter im mittlerweile viel zu großen Einfamilienhaus von 1980. Die Aufgabe lautete, zu untersuchen, ob das Gebäude für eine gemeinsame Nutzung der vier Generationen angepasst werden könnte. Die Nachteile lagen auf der Hand: das typische Erscheinungsbild der Bauzeit mit großem Dachüberstand, dunklen Holz-teilen und ungünstigem Grundriss bei großem technischen Sanierungsbedarf. Der Vorteil bestand aber im großen Raumvolumen und der Sanierungsfähigkeit des Bestands, was zusammen mit den guten Entwurfsvorschlägen des Architekten zum Entschluss der Familienmitglieder führte, die Herkulesaufgabe gemeinsam anzupacken.

## Bauliche Sanierung und neue Raumaufteilung

So musste die gesamte Elektrik und fast die komplette Sanitärtechnik erneuert werden, eine solar unterstützte Pelletsheizung ersetzte den alten Ölkessel, und alle Geschosse bekamen eine Außenwanddämmung. Der Dachstuhl wurde – nun ohne Dachüberstand, mit wesentlich geringerer Dachneigung sowie geschosshohem Kniestock – neu aufgebaut und ebenfalls mit einer Außendämmung versehen, die die Sparren sichtbar lässt. Für das neue Zusammenleben unter einem Dach war es besonders wichtig, eine neue Erschließungslösung und einen zeitgemäßen Grundriss zu finden. Man kam überein, die vorhandene Nutzungsaufteilung nach Geschossen beizubehalten; Die junge Familie mit den Kindern bezog das Erd- und Obergeschoss, die Großeltern das komplett neu gestaltete Untergeschoss, wo auch ein eigenes Zimmer für die Urgroßmutter entstand. Die schwer begehbare und ungünstig

Links: Ansicht von Südwesten. Einige der alten Fensteröffnungen blieben erhalten, das Satteldach wurde abgebrochen und durch ein neues, flach geneigtes Dach ohne Überstand ersetzt. Der hohe Kniestock macht das Obergeschoss zum gut nutzbaren Vollgeschoss.

Rechte Seite: Das durch teilweises Freigraben und größere Fenster aufgewertete Untergeschoss erhielt einen eigenen, ebenerdigen Eingang sowie Terrassentüren für Wohnraum und Küche, von der es unmittelbar zur Terrasse hinausgeht.

platzierte Spindeltreppe wurde abgebrochen und durch eine gerade, gut belichtete Treppe ersetzt. Um das neue Raumprogramm optimal unterbringen und die Ausrichtung zur Sonne und zur Landschaft zu verbessern, wurde das Gebäude auf allen drei Wohngeschossen nach Südwesten erweitert, im Erdgeschoss entstand eine Sonnenloggia. Da die Großeltern und die Urgroßmutter während der Bauarbeiten im Haus wohnen blieben, musste man alle Maßnahmen zeitlich genau abstimmen. Zunächst wurde das Untergeschoss in Angriff genommen, dann von der älteren Generation bezogen; anschließend kamen die übrigen Geschosse an die Reihe.

## Ein eigenes Kinderreich

Im Obergeschoss des »jungen« Trakts entstand durch das teilweise Entfernen der Decke eine Galerie, wodurch sich die Belichtung des Essplatzes im Erdgeschoss über die Firstverglasungen und auch die des ganzen Hauses immens verbessert hat. Die Eltern- und Kinderzimmer im Obergeschoss erhielten durch die Kniestockerhöhung hohe Decken, wodurch in die Kinderzimmer noch eine zweite (Schlaf-) Ebene eingezogen werden konnte. Nutzlose Resteräume gibt es dort nicht mehr. Das Kinderreich, dessen Zimmer bei Bedarf direkt untereinander verbunden werden können, ist als eigene kleine Welt für sich konzipiert. So lässt sich der jetzige Gemeinschafts- und Spieleraum auch zur Küche umbauen, etwa wenn später einmal eine separate Wohnung für die Jugendlichen gewünscht wird. Eine nach Westen orientierte Kinderloggia rundet das Raumprogramm im Obergeschoss ab.

Rechts oben: Dank des hohen Dachstuhls sind im Obergeschoss hohe und luftig wirkende Räume entstanden. Ein Firstoberlicht holt viel Licht in die Spieldiele der Kinder und über die Galerieöffnung ins Erdgeschoss.

Rechts Mitte: Der Galeriebereich bietet auch Platz für eine Leseecke.

Rechts unten: Blick in den Eingangsbereich und in das helle Wohnzimmer der Großeltern im Untergeschoss. Vor dem Umbau befanden sich hier eingegrabene Kellerräume sowie die nicht optimal belichteten Zimmer der Urgroßmutter.

Linke Seite: Eine offene und helle Wohntreppe hat die alte Treppe ersetzt. Die beim Umbau über dem Essbereich eingeschnittene Galerieöffnung bringt Großzügigkeit und sanftes Licht von oben.

Schwarz: erhalten gebliebene Bauteile
Braun: neu eingebaute Bauteile
Bauteile Grau: abgebrochene Bauteile
Schwarzer Text: ehemalige Nutzung
Brauner Text: neue Nutzung

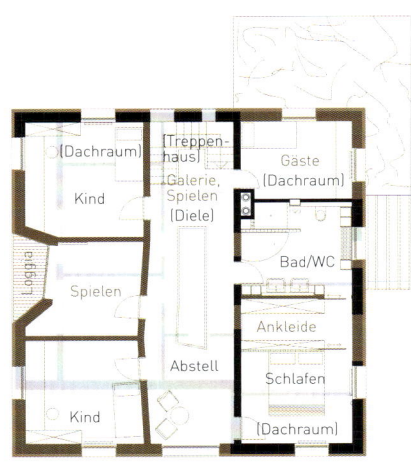

[Dachraum]

Kind

Loggia

Spielen

Abstell

Kind

[Treppen-haus]

Galerie, Spielen [Diele]

Gäste [Dachraum]

Bad/WC

Ankleide

Schlafen

[Dachraum]

**Obergeschoss**

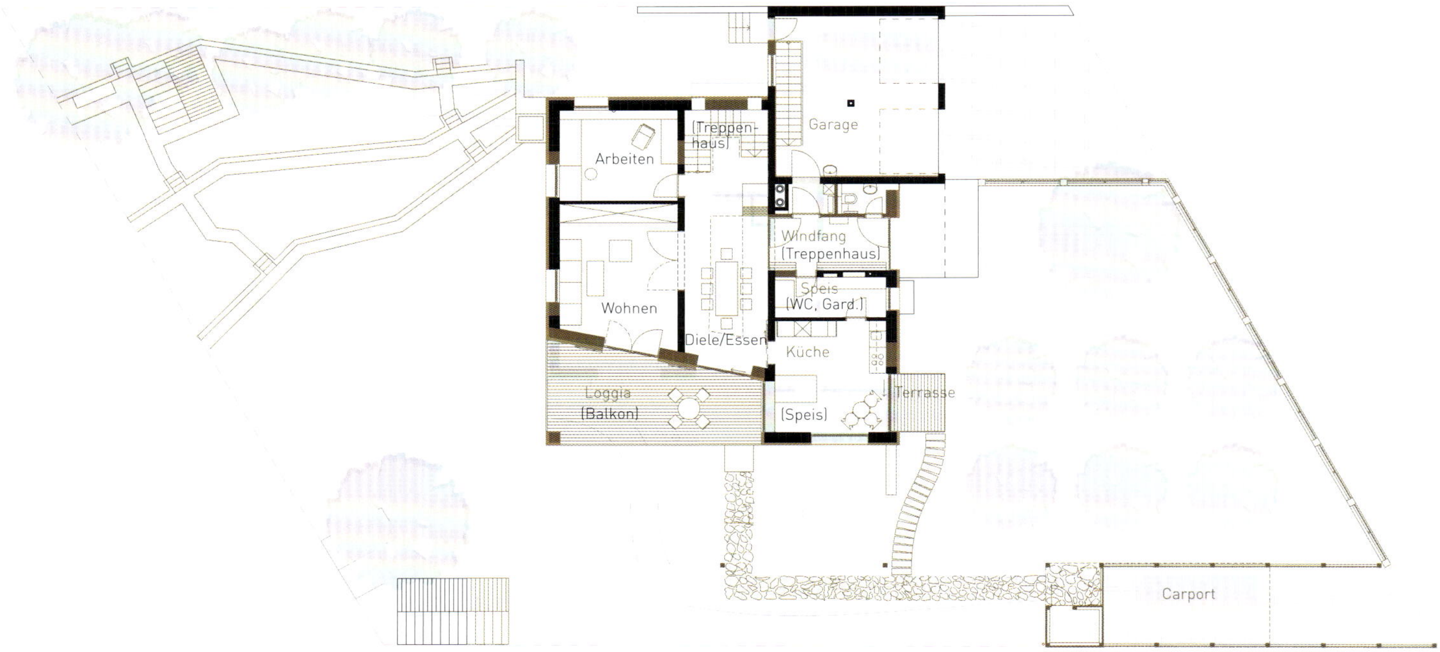

Arbeiten

[Treppen-haus]

Garage

Wohnen

Windfang (Treppenhaus)

Speis [WC, Gard.]

Diele/Essen

Küche

Loggia [Balkon]

[Speis]

Terrasse

Carport

**Erdgeschoss**

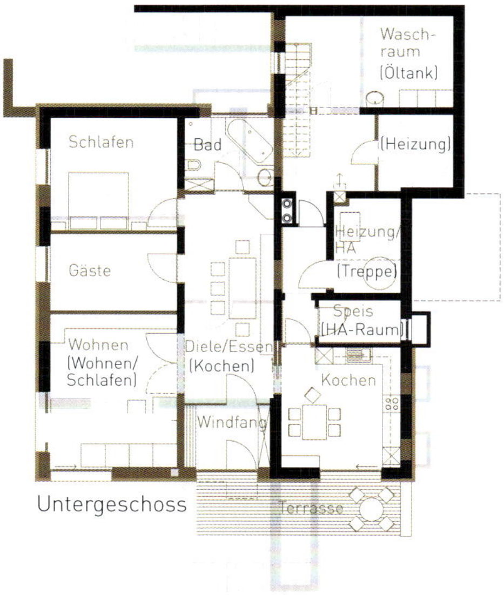

Schlafen

Bad

Wasch-raum [Öltank]

[Heizung]

Gäste

Heizung/ HA [Treppe]

Wohnen [Wohnen/ Schlafen]

Diele/Essen [Kochen]

Speis [HA-Raum]

Kochen

Windfang

Terrasse

**Untergeschoss**

Ansicht von Osten mit dem Eingang für die junge Familie und der zugehörigen Doppelgarage. Die Großeltern erhielten einen vom Untergeschoss ebenerdig erreichbaren Carport. An der Südostecke (vorher Speisezimmer) befindet sich heute die Küche mit der Frühstücksterrasse.

## Barrierefrei und pflegeleicht

Die Großeltern und die Urgroßmutter haben durch den Umbau und die Erweiterung des Untergeschosses ein genau auf ihre Bedürfnisse zugeschnittenes neues Heim bekommen. Vormals von Erde bedeckte Mauerwerksbereiche wurden freigeräumt und nach der Sanierung und Dämmung mit neuen, großen Fenstern und Türen versehen. So befindet sich an der Stelle eines dunklen Holzlagerkellers nun eine einladende, helle Küche mit vorgelagerter Terrasse. Vom größeren Wohnzimmer gelangen die Bewohner über neu eingebaute Terrassentüren in den Garten. Der ebenfalls neue, ebenerdige Eingang mit Sonnenterrasse und der zugeordnete, ebenfalls barrierefrei zu erreichende Carport machen die Einheit zusammen mit den schwellenfreien Übergängen zur perfekten Seniorenwohnung. Das behindertengerechte Bad war schon für die mittlerweile verstorbene, pflegebedürftige Urgroßmutter unverzichtbar, ist aber durch den großen Bewegungsraum auch für die Großeltern sehr angenehm. Ein weiterer Vorteil der neuen Wohnung besteht darin, dass sich die instand zu haltende Wohnfläche mehr als halbiert hat – und dies bei weit größerem Wohnkomfort!

### Besonderheiten:

→ ebenerdiger Zugang der neuen Wohnung im Untergeschoss mit barrierefreiem Außenraum und eigenem Carport

→ Einbau eines behindertengerechten Bads

→ Schwellenfreiheit innerhalb der Wohnebenen

→ eigenes Kinderreich mit flexiblem Grundriss

→ optimale Ausrichtung zur Sonne und Landschaft

→ eigene Freibereiche für die Generationen

### Baudaten:

**Baujahr Altbau:** 1980
**Zeitraum Umbau und Erweiterung:** 2005–2008 (in Etappen)
**Grundstücksgröße:** ca. 915 m²
**Wohnfläche:** vor Umbau ca. 230 m², nach Umbau und Erweiterung 303 m² (zwei Wohneinheiten mit 198/105 m²) zuzüglich 100 m² Nutzfläche und ca. 40 m² Terrassen
**Bruttorauminhalt (BRI):** vor Umbau ca. 1.380 m³, nach Umbau ca. 1.680 m³
**Bauweise:** massiv (Ziegelmauerwerk, gedämmt; Stahlbetondecken)
**Energiekonzept:** Holzpelletsheizung, 14 m² Solarkollektoren, zusätzlich je eine Scheitholzheizung je Einheit (Grundofen EG mit Anschluss an Pufferspeicher)
**Heizenergiebedarf/Jahr nach Sanierung:** 26,10 kWh/m²
**Gesamtkosten:** keine Angaben

# AUF SCHMALEM TERRAIN

Grimm Architekten, Frankfurt am Main
Gartenplanung: Joanna und Jörg Ewald

**Sie wohnen hier:** Die junge Familie mit einem Kind in der großen Wohneinheit, die Großmutter in der Einliegerwohnung
**Das wurde gemacht:** Neubau eines dreigeschossigen Zweiparteienhauses unter Einbeziehung eines Bungalows von 1970
**Hier befindet sich das Projekt:** bei Darmstadt

Am Anfang stand ein alter Bungalow. 1970 in einem Ort bei Darmstadt als eingeschossiger Satteldachbau errichtet, bedurfte er dringend einer bautechnischen und energetischen Rundumerneuerung. Da die heutigen Besitzer aus ihrer zu klein gewordenen Wohnung ausziehen wollten und auch die Großmutter nicht mehr in ihrem Haus bleiben wollte, kam man schnell überein, am Standort des in die Jahre gekommenen Bungalows ein gemeinsames Bau- und Wohnprojekt in Angriff zu nehmen.

### Perfekte Lösung für das »Handtuchgrundstück«

Die mit der Planung beauftragte Frankfurter Architektin Beate Grimm schlug eine weitgehend auch umgesetzte Lösung vor, mit der man die schwierigen baulichen Vorgaben mit dem bestehenden Bau und dem extrem schmalen und langen Grundstück bestens in den Griff bekam: Dazu wurde der Bungalow bautechnisch, energetisch sowie im Fassadenbild angepasst und gleichsam als Einschub in die Neubauplanung einbezogen. Günstigerweise stand der Altbau auf der Grundstücksgrenze und genoss Bestandsschutz, sodass eine gute Ausnutzung der Parzelle möglich war. Der neu errichtete schmale, mit seinen drei Geschossen hoch aufragende Neubau hat eine Tonklinker-Fassade, die in lebhaften Kontrast zum jetzt weißen Außenputz des Altbaus

Links: Straßenansicht mit den beiden Gebäudeteilen und dem Zugang zur Wohnung der Großmutter

Rechte Seite: Der Garten ist von beiden Wohnungen aus direkt zugänglich und dient als Treffpunkt. Eine große Terrasse mit Pergola schafft im Sommer einen angenehmen Freibereich.

Oben: Abwechslungsreiche Raumbeziehungen durch versetzte Niveaus: Blick vom Ess- zum Wohnbereich der jungen Familie

Links: Blick in den Treppenraum mit der Bibliothek

Rechte Seite: Der Durchblick zur Treppe wird durch einen Wandausschnitt gerahmt.

steht. Man entschied sich zur Wahrung der beiderseitigen Privatsphäre für zwei getrennte Eingänge: Während die dreiköpfige Familie das Haus über die südwestliche Traufseite betritt, ist die Haustüre der Seniorenwohnung der nordöstlich gelegenen Straße zugewandt. Da die Großmutter gerne den Ausblick zur Straße haben wollte, die Jüngeren aber die Orientierung zum Garten bevorzugten, kam diese Lösung allen Familienmitgliedern sehr entgegen. Gleichzeitig war es wichtig, zwischen den beiden Einheiten auch eine interne Verbindung zu haben, um etwa im Krankheits- oder im Pflegefall schnell und direkt vom einen in den anderen Gebäudeteil gelangen zu können.

### Viel Platz und Komfort im schmalen Haus

Das neue, voll unterkellerte Haus orientiert sich in Abmessungen und Form am Zuschnitt des Grundstücks. Dabei ist die mittige Eingangs-, Erschließungs- und Treppenzone das vermittelnde und auch separierende Glied zwischen den beiden Einheiten beziehungsweise den jeweiligen Wohnräumen. Im Erdgeschoss der Familienwohnung befindet sich der offene Koch-, Wohn- und Essbereich, im ersten Obergeschoss das Elternschlafzimmer mit Bad und unterm Dach die beiden Kinderzimmer, ebenfalls mit eigenem Bad. Den Abschluss bildet ganz oben eine Bibliotheksgalerie. Die zweigeschossige Wohnung der Großmutter, die mit 76 m² genau die von ihr gewünschte Größe besitzt, unterteilt sich im Erdgeschoss in ein großes Wohnzimmer mit Kamin, eine davon abgesetzte Küche und ein kleines Bad. Der Vorratsraum bildet die »Schleuse« zur Wohnung der Kinder und Enkel. Darüber ist der Schlafbereich mit dem großen Bad sowie einem kleinen, aber praktischen Abstellraum untergebracht.

Da die Bauherren eine Passion für schöne Gärten haben, beauftragten sie zusätzlich ein Gartenplanungsbüro, das die schmal-längliche Form der Parzelle und des Hauses perfekt in einen geometrischen Garten übersetzte.

Oben und rechte Seite oben: Elternbad und -schlafzimmer

Links: Stimmungsvolles Kinderbad durch helle Farben und weiches Licht von oben

Unten beide: Das Wohnzimmer der Seniorenwohnung bietet den gewünschten Ausblick zur Straße und über die Küche auch eine interne Verbindung zum Trakt der jungen Familie.

Ebene 0

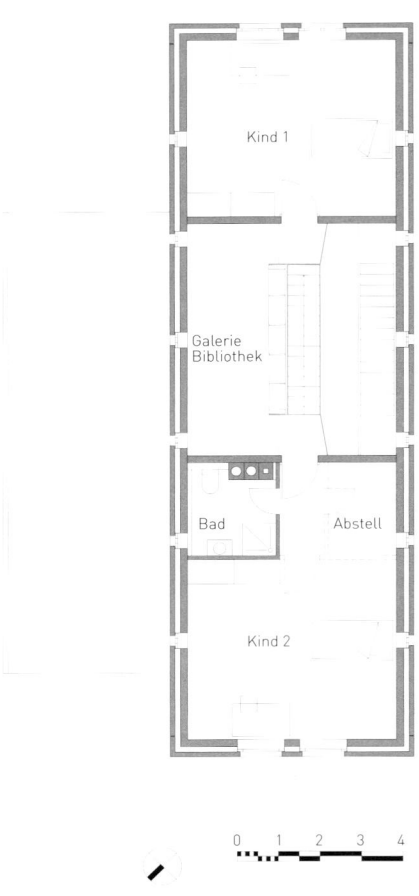

Ebene +2

Ebene -1

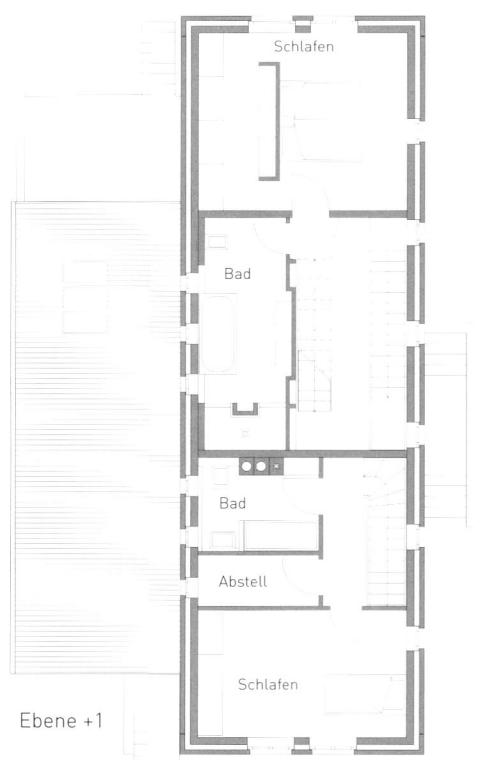

Ebene +1

## Besonderheiten:

→ Wahrung der Privatsphäre durch separate Zugänge,
interne Verbindung bei Bedarf

→ hohe Flexibilität der Grundrissplanung (Großmutter
kann ggf. auch nur in den Räumen des EG wohnen/
z. B. bei Pflegebedürftigkeit, oberer Bereich kann ggf.
dem Familienwohnen zugeschlagen werden)

→ Erweiterbarkeit im Dachbereich

→ gelungene Einbeziehung des Bestands

## Baudaten:

Baujahr Altbau: 1970
Zeitraum Umbau/Sanierung und Erweiterung: 2002–2003
(13 Monate)
Grundstücksgröße: 533 m²
Wohnfläche nach Umbau und Erweiterung: 222 m²
(davon Seniorenwohnung 75 m², Familienwohnung 147 m²)
zuzüglich 82 m² Nutzfläche und 27 m² Terrasse
Bruttorauminhalt (BRI): 1.310 m³
Bauweise (nach Umbau): massiv (Altbau Ziegelmauerwerk,
gedämmt und verputzt; Neubau zweischaliges Kalksandstein-/
Klinkermauerwerk mit Zwischendämmung, Stahlbetondecken)
Energiekonzept: Brennwerttherme als Zentralheizung
Heizenergiebedarf/Jahr nach Sanierung (Altbau und Erweiterung,
nach EnEV): ca. 60 kWh/m²
Gesamtkosten Umbau/Sanierung und Erweiterung (inklusive
Honorare, Steuern und Nebenkosten, ohne Eigenleistung, ohne
Außenanlagen): 350.000 Euro

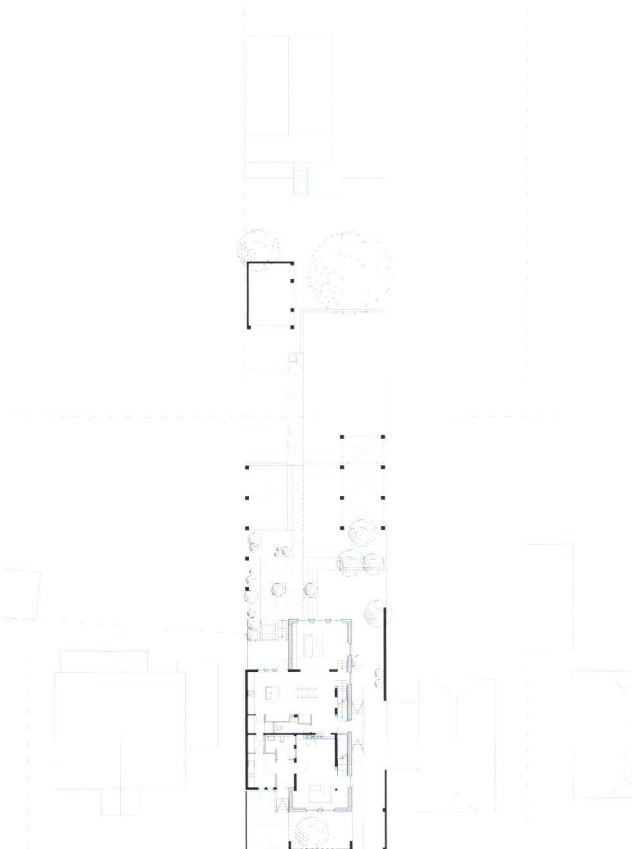

Lageplan

# UMBAU UND ERWEITERUNG IM GARTEN

in_design architektur/Christine Weinmann und Tim Driedger, Frankfurt am Main

**Sie wohnen hier:** Die junge Familie mit zwei Kindern im renovierten Altbau, die Großeltern im Anbau
**Das wurde gemacht:** Erweiterung eines Hauses von 1980 durch eine Wohnung für die Großeltern, Umbaumaßnahmen im Altbau
**Hier befindet sich das Projekt:** bei Offenbach

Die Suche nach einem bezahlbaren Haus für mehrere Generationen kann im Großraum Frankfurt zu einer unendlichen Geschichte werden. Nicht so in diesem Fall, denn die Bauherren hatten das Glück, in einer Stadt im Osten der Metropole ein bautechnisch weitgehend intaktes Haus aus dem Jahr 1980 zu finden, das Potential für den Umbau zum Dreigenerationenhaus bot. In einem ruhigen Wohngebiet gelegen, grenzt das Grundstück mit eingewachsenem

Garten an ein Naturschutzgebiet und bot ausreichend Reserven für eine bauliche Erweiterung – der perfekte Platz für Jung und Alt.

## Eine Seniorenwohnung im Grünen

Christine Weinmann und Tim Driedger von in_design architektur schneiderten den neuen Eigentümern ihr Umgestaltungskonzept gleichsam auf den Leib, indem sie in Richtung des nördlich an das Haus anschließenden großen Gartens eine dreifach gestaffelte Erweiterung vorsahen, die gleichzeitig die »Dreieinigkeit« der Familie symbolisiert. Die bestehende, dem Eingang des Altbaus zugeordnete vertikale Erschließungsachse mit der neu gestalteten Stahltreppe dient heute als zweiter Zugang zum Anbau für die Großeltern, der sich auf dem Niveau des Untergeschosses befindet und von diesem aus zugänglich ist. So hat sich der Seniorenwohnbereich in den eingewachsenen, ruhigen Garten vorgeschoben, oben drauf gab es im wahrsten Sinne noch eine große Terrasse für die junge Familie oder für die gemeinsame Nutzung. Der älteren Generation steht eine eigene Terrasse direkt vor der Erweiterung zur Verfügung. Wie im ganzen Umbaukonzept wurde hier darauf geachtet, durch die baulichen Maßnahmen ebenso Privatheit wie auch gemeinsam nutzbare Bereiche zu schaffen. Der

Links: Übergänge vom Altbau zur Erweiterung und von innen nach außen schaffen Aufenthaltsplätze, in denen die drei Generationen für sich oder zusammen sein können. Hier der große Essplatz bei der neu entstandenen Terrasse

Rechte Seite: Die hinzugefügten Baukörper zonieren auch die Außenräume so, dass privatere Rückzugsbereiche neben zwanglosen Treffpunkten bestehen.

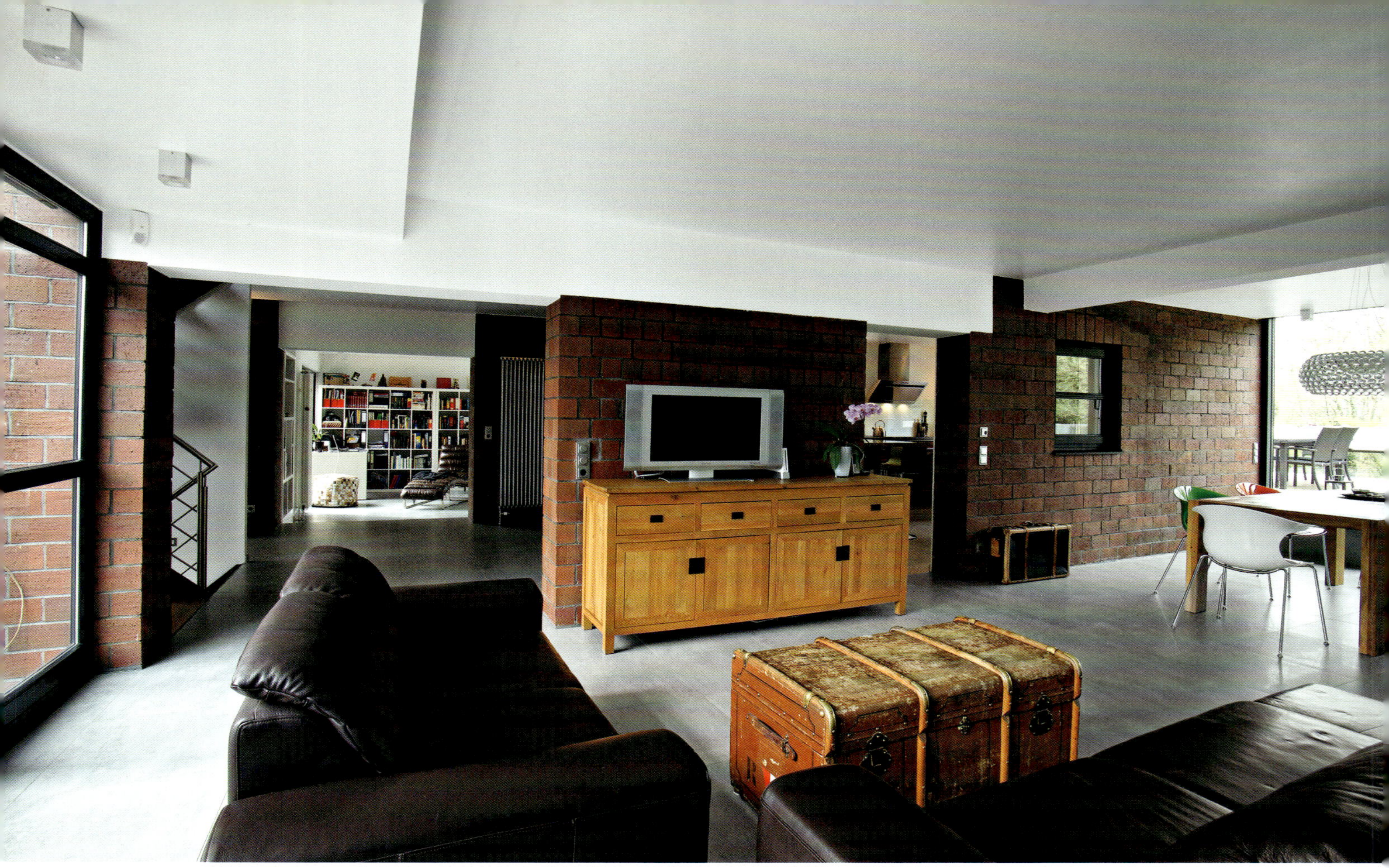

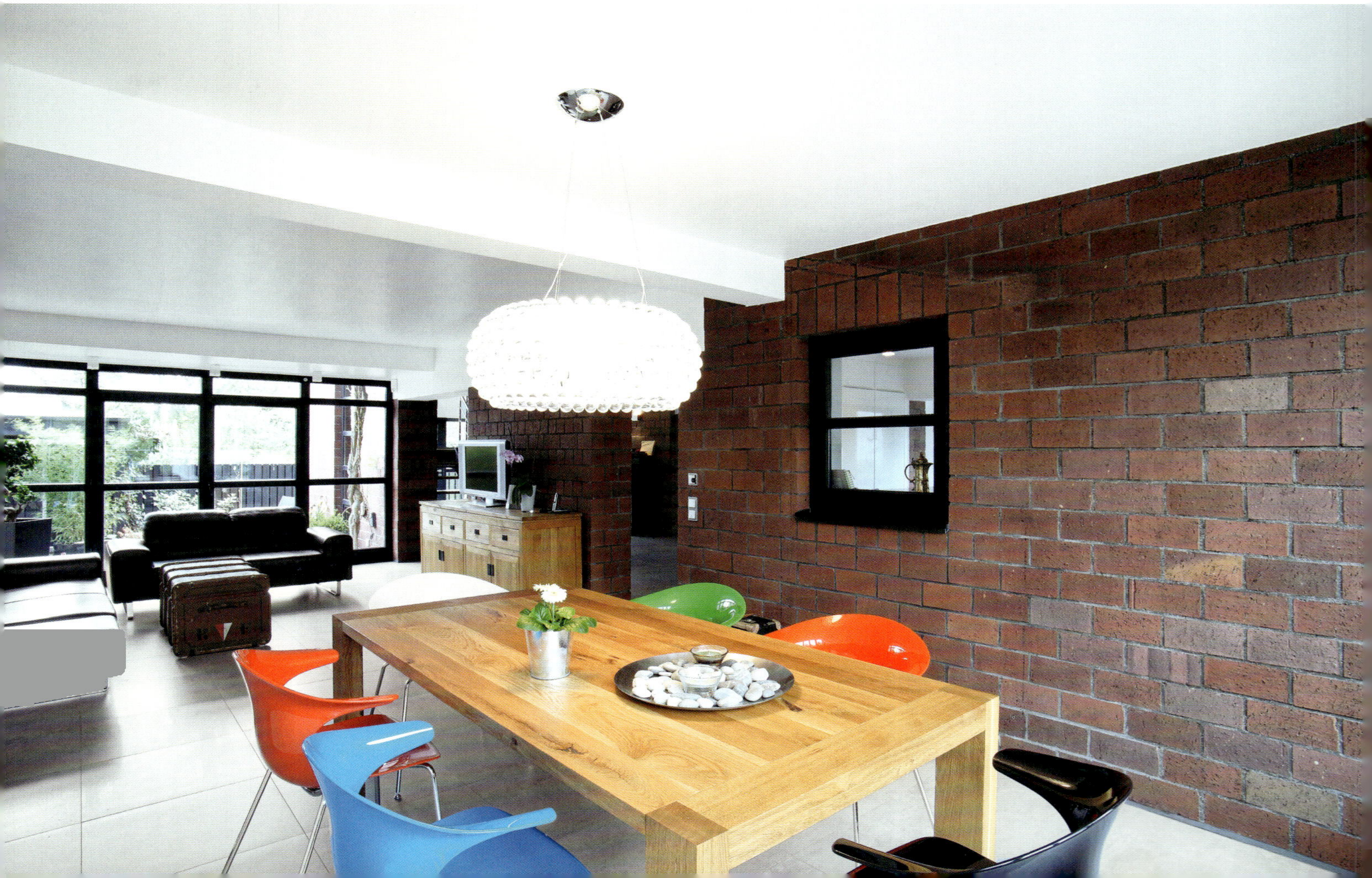

Ausgang zur Terrasse der Großeltern dient ihnen gleichzeitig als zweiter Hauseingang; auf ihren ausdrücklichen Wunsch sind einige Pflasterstufen zum Garten eingebaut, auf die später bei Bedarf eine Rampe aufgelagert werden kann. Ansonsten umfasst ihr neues Zuhause ein großes Wohnzimmer mit Panoramaverglasung sowie – zweifach zurückversetzt – das Esszimmer und die Küche sowie das Schlafzimmer mit Ankleide, ein Bad und Neben- beziehungsweise Lagerräume. Die Wohnfläche ist überschaubar und somit leicht zu pflegen, auch die leichte Abtrennung der Wohnfunktionen entspricht den Vorstellungen der Senioren. Dennoch zeigt sich der auf einer Ebene barriere- und schwellenfrei zusammengefasste Raumzusammenhang durchgängig, sodass genug Bewegungsraum vorhanden ist. Die Wenderadien eines Rollstuhls wurden – auch im Bad – berücksichtigt und zudem bereits die Unterkonstruktionen für Griffe, Sitze und Hilfseinrichtungen eingebaut. Die ungewohnt großen Fenster und die dadurch außergewöhnlich hellen Räume, die man auf einer Nordseite gar nicht vermuten würde, begeistern die neuen Bewohner ebenso wie die direkte Anbindung an den Garten. Und nicht zuletzt gibt es auch eine gemauerte Rundbank beim Grillplatz fürs sommerliche Beisammensein.

## Moderne Raumbeziehungen im Altbau

Im Hauptgebäude war die Substanz der Sichtbeton- beziehungsweise Klinkerwände intakt. Beim Umbau wurde die vorhandene Durchgängigkeit noch verstärkt, auf Türen vollständig verzichtet. Erstaunlich, wie wirkungsvoll allein durch die sinnvolle Platzierung, Dimensionierung und Gestaltung einiger Wandscheiben in ihrer Stimmung fein abgestufte Bereiche für die verschiedenen Nutzungen gestaltet wurden. Im Erdgeschoss finden sich das Lounge- und Fernseheck, der Essplatz – letzterer mit direktem Zugang zur neuen Terrasse –, die Küche, das Klavier-/ Musikzimmer in der Diele, das Kamin- und Bibliothekszimmer sowie eine kleine Garderobe beim Eingang. Lange Blickbeziehungen vermitteln Großzügigkeit, ohne dass die Intimität der einzelnen Bereiche gestört würde. Drei ebenerdig angeschlossene Freibereiche bieten Aufenthalts-

Linke Seite oben: Durchblicke innerhalb und zu den Außenbereichen des Hauses lassen einen weithin offenen Raumeindruck entstehen.

Linke Seite unten: Hier entstand ein neuer Essplatz im Bereich des Anbaus. Die frühere Außenwand ist nun Innenwand, das Fenster mit Durchblick zur Küche blieb erhalten.

Ganz oben: Die Kinderzimmer im Obergeschoss profitieren ebenso wie die Terrassen im Erdgeschoss und das Seniorenwohnzimmer im Untergeschoss vom Ausblick in den Garten.

Oben: Blick von der neuen Terrasse auf den ebenfalls erweiterten Essplatz. Die differenzierte Gestaltung der Brüstungen unterstützt die skulpturale Wirkung des Anbaus und ermöglicht gezielte Ausblicke ohne Sichtbarrieren.

möglichkeiten für alle Tageszeiten. Auf der Ebene darüber sind das Elternschlafzimmer und die beiden Kinderzimmer untergebracht, jeweils mit eigenen Bädern.

Das Bestreben der Architekten und Bauherren richtete sich darauf, die vorhandenen architektonischen Werte aufzugreifen und neu zu interpretieren; so wurde beim Anbau ebenso wie im Bestand mit Sichtbeton-Elementen gearbeitet, die mit den Klinker- und Holzoberflächen überzeugend harmonieren. Die Fensterrahmen orientieren sich mit ihrer dunklen Farbe an den Holzteilen des Altbaus. Neue Einbauten sind in Eichenholz – die Terrassenbeläge in Thermo-Esche – ausgeführt und passen so bestens zu dem originalen, lediglich aufgearbeiteten Parkett im Obergeschoss des Altbaus. Besondere räumliche Erlebnisse sind dezent, aber wirkungsvoll herausgearbeitet, etwa durch eine blockartige Eichenbank beim Essplatz zum Fenster hin, die in die Terrassen-Treppe übergeht, oder durch das indirekte Beleuchtungskonzept mit Einbauleuchten in Böden, Wänden und Decken; der neu geplante und vom Ofenbauer aufgerichtete Kamin wird in seiner kubischen Form durch waagerechte Lichtleisten wirkungsvoll hervorgehoben.

Rechts oben: Die Küche wurde nach den Anforderungen der groß gewachsenen Bewohner maßgeschneidert.

Rechts Mitte oben : Durchblicke und viel natürliches Licht durch ausgedehnte Fensterflächen erzeugen Großzügigkeit; Rückzugsräume wie das Kamin- und Bibliothekszimmer sorgen für Behaglichkeit.

Rechts Mitte unten: Durch die panoramaartigen Fenster der Großelternwohnung ist der Wechsel der Jahreszeiten hier besonders intensiv erlebbar.

Rechts unten: Die eher niedrige Raumhöhe des Bestands musste weitergeführt werden, dennoch wirkt die Wohnung großzügig. Große, kreisrunde Deckenleuchten liefern angenehmes, warmes Licht.

Linke Seite: Die hellgrauen Fliesen in Sichtbetonoptik orientieren sich am übergreifenden, reduzierten Farb- und Materialkonzept, das auch von den Klinkerwänden sowie den dunkelbraunen Eichen- beziehungsweise Ledermöbeln geprägt ist.

Gesamtansicht von Haus und Anbau
mit Zugang zur alten Terrasse und
zum Kamin-/Bibliothekszimmer. In
diesem Teil des Anbaus befindet sich
der Wohnraum der Großeltern, Garten-
zugang und Terrasse befinden sich auf
der linken Seite hinten.

Der Haupteingang wurde lediglich von
einem deplaziert wirkenden Vordach
befreit. Die Sichtbetonelemente des
Bestands wurden bei der rückwärtigen
Erweiterung kreativ aufgegriffen.

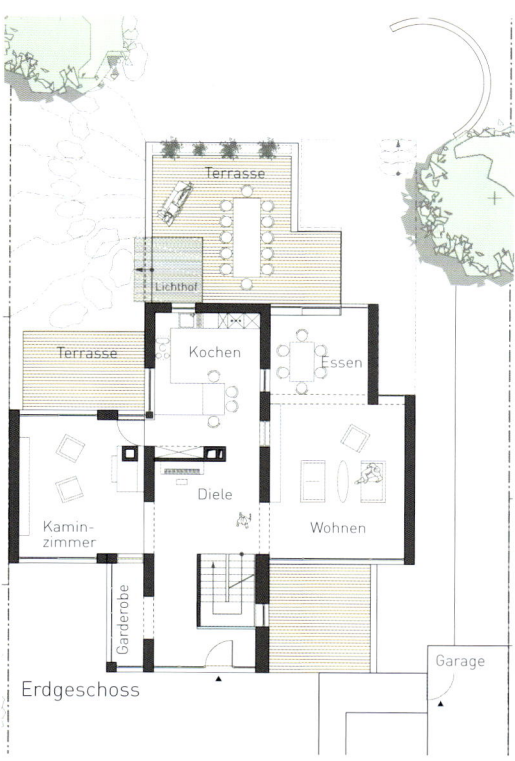

Erdgeschoss

0 5 10

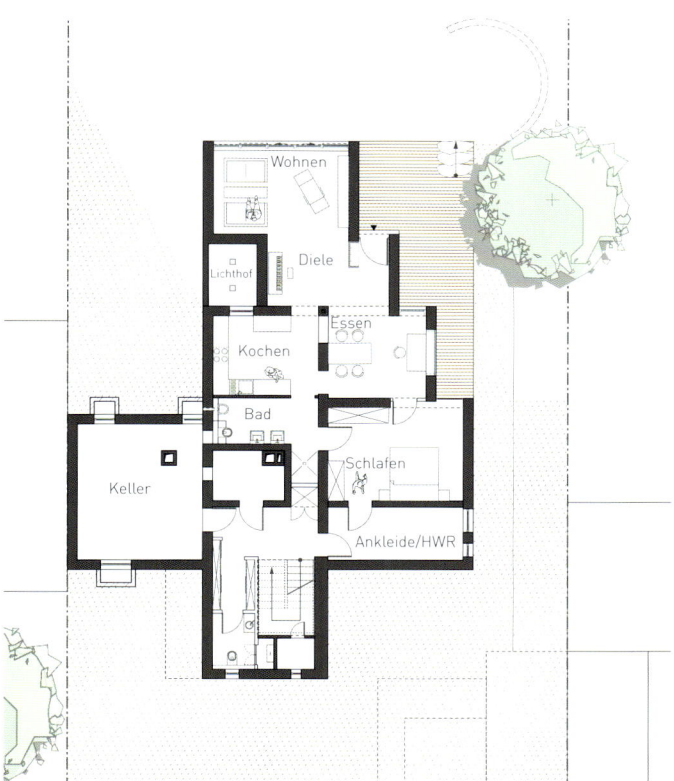

Untergeschoss

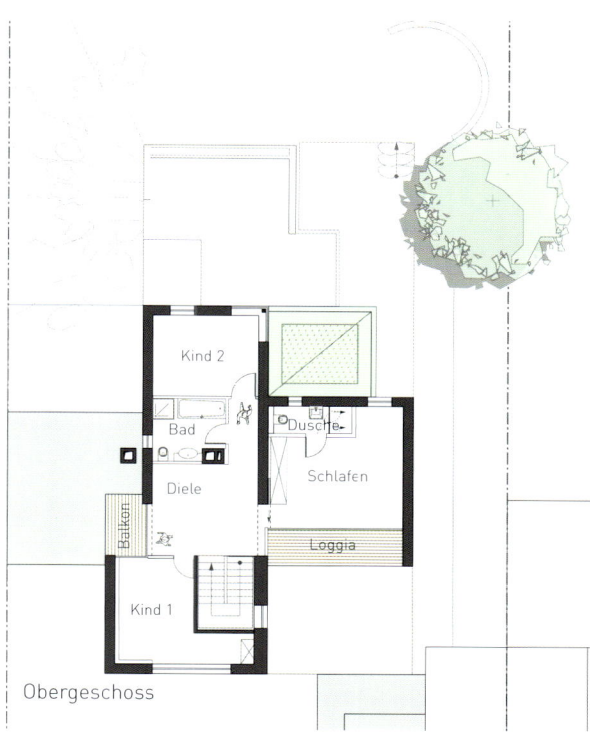

Obergeschoss

## Besonderheiten:

→ ebenerdiger Zugang auf zwei Ebenen durch Nutzung der natürlichen Hanglage

→ weitgehend barrierefreie Gestaltung innerhalb der Geschosse

→ individuelle Rückzugszonen

→ Platzangebote für gemeinsames Wohnen

→ interne Verbindung über Treppenraum für den Bedarfsfall

## Baudaten:

Baujahr Altbau: 1980

Zeitraum Umbau und Erweiterung: 2009–2010 (16 Monate)

Grundstücksgröße: 875 m²

Wohnfläche nach Umbau und Erweiterung gesamt: 322 m² (davon Altbau 231 m², Neubau 91 m²) zuzüglich 73 m² Terrassen und 11 m² Balkone/Loggien

Bruttorauminhalt (BRI): 1.288 m³

Bauweise: massiv (Altbau Sichtbeton und Klinker-Ziegelmauerwerk, Erweiterung Sichtbeton mit Innendämmung)

Energiekonzept: Nutzung der bestehenden Zentralheizung für beide Wohneinheiten

Gesamtkosten (inklusive Honorare, Steuern und Nebenkosten): 520.000 Euro (Altbau 330.000 Euro, Erweiterung 190.000 Euro)

# DACHAUFSTOCKUNG FÜR VIER GENERATIONEN

ArchitekturDesign Klein_Thierer, Gerstetten/Baden-Württemberg

**Sie wohnen hier:** Die Großeltern im Gartengeschoss, deren Kinder im Erdgeschoss, die Enkelin mit Ehemann und zwei Kindern im Dachgeschoss

**Das wurde gemacht:** Abbruch des ursprünglichen Walmdachs und Aufstockung mit neuem Dachgeschoss

**Hier befindet sich das Projekt:** bei Ulm

Wenn sich vier Generationen einer Familie zusammentun, um zusammenzuwohnen, erfordert dies eine besonders große Wohnfläche. Abgesehen von repräsentativen Villen wird kaum ein Altbau in der Lage sein, diesen Bedarf ohne Umbaumaßnahmen zu decken, so auch im Falle eines Walmdach-Bungalows aus den 1960er-Jahren. Er wies zwar mit über 200 Quadratmetern eine beachtliche Grundfläche auf, aber aufgrund der flachen Dachneigung war das Dachgeschoss kaum nutzbar. Der gemeinsame Plan aller Familienmitglieder sah vor, dass neben den hier wohnenden Großeltern und deren Kindern auch die erwachsene Enkelin mit ihrem Mann und ihren zwei Kindern einziehen sollten.

## Die Kunst des Raumgewinns

Die Architekten lösten die knifflige Aufgabe, indem sie das Walmdach abbrechen und eine dritte Wohnebene entstehen ließen. Allerdings gab es anfangs Schwierigkeiten mit der Baugenehmigung, da der Bebauungsplan kein weiteres Vollgeschoss zuließ, ein konventionelles steil geneigtes Dach mit niedrigem Kniestock und ausladenden Gauben ästhetisch aber für Planer und Bauherren nicht infrage kam. Letztlich einigte man sich auf den Vorschlag der Architekten, ein Spitzdach mit außermittigem First umzusetzen, das die anderen Häuser der Siedlung nicht überragt. So konnte der straßenseitige Teil des Dachs flach

Links: Der Garten dient als gemeinsamer Treffpunkt der Generationen.

Rechte Seite: Ansicht der Südfassade. Unten wohnen die Großeltern, darüber die Elterngeneration und im neu aufgestockten Dachgeschoss die Enkelin mit ihrer Familie. Jede Einheit besitzt unmittelbar zugeordnete Terrassen oder Balkone.

geneigt ausgeführt und so bei hohen Außenwänden viel voll nutzbare Wohnfläche geschaffen werden. Zur Gartenseite blickt das Gebäude nun auf drei Geschossen nach Süden, die großen neuen Verglasungen sammeln entsprechend viel kostenlose Wärme ein. Zusammen mit der deutlich verbesserten Dachdämmung ergibt sich insgesamt eine positive Energiebilanz – und dies trotz der Tatsache, dass das Raumvolumen durch die Aufstockung um fast 25 Prozent gewachsen ist. Aus statischen Gründen musste die Holzbalkendecke über dem Erdgeschoss verstärkt und der Schallschutz verbessert werden, die neue Ebene ist in leichter Holzrahmenbauweise ausgeführt. Ein hoher Vorfertigungsgrad ermöglichte kurze Bauzeiten – ein besonders wichtiger Aspekt, da die Umbauarbeiten in bewohntem Zustand vorgenommen wurden.

### Nach Generationen aufgeteilt, Privatsphäre gewahrt

Die drei neuen Ebenen sind nach Generationen aufgeteilt: Die Großeltern- und die Elterngeneration bewohnen mit dem Garten- beziehungsweise dem Erdgeschoss die ebenerdig zugänglichen Bereiche, während die Enkelin mit ihrer Familie das neue Dachgeschoss bezogen hat. Um die Privatsphäre zu wahren und unnötige Umbauten der Innenräume zu vermeiden, ist die Dachwohnung über eine neue Außentreppe mittig erschlossen. Dies und die Holzkonstruktion ohne tragende Innenwände erlaubten es, einen optimalen Grundriss herzustellen und die Raumzuschnitte bei Bedarf unter minimalem Aufwand anzupassen – etwa für ein zusätzliches Kinder- oder Arbeitszimmer. Alle Einheiten sind in sich weitgehend barrierefrei, die neue Wohnung ist schwellenfrei ausgebildet. Eine südseits orientierte Loggia erweitert die ohnehin schon stattliche Wohnfläche von 125 Quadratmetern um weitere 20 Quadratmeter.

Rechts oben: Der als Einraum konzipierte Wohn-, Ess- und Kochbereich mit Blick zum Wohnungseingang

Rechts Mitte: Blick zur Dachterrasse

Rechts unten: Die Kochinsel mit dem direkt aufgesetzten Dunstabzug

Linke Seite: Der Wohnbereich der jungen Familie, links der Übergang zur Dachterrasse. Die äußere Dachform wird innen ablesbar.

Oben: Ansicht von Nordosten. Der linke Zugang führt hinauf zum aufgestockten Dachgeschoss/ Obergeschoss, der rechte erschließt die Eltern- wohnung im Erdgeschoss. Die Firsthöhe orien- tiert sich an den Nachbarhäusern und fügt sich so in die baulichen Strukturen ein. Dachform und ein durchlaufendes, schmales Fensterband im obersten Geschoss zeigen eine zeitgemäße Gestaltung.

Ganz links: Der überdachte Eingangsbereich fungiert auch als Begegnungsstätte.

Links: Der intime Wohnungseingang der Groß- eltern im Gartengeschoss blieb bei den Umbau- maßnahmen unverändert.

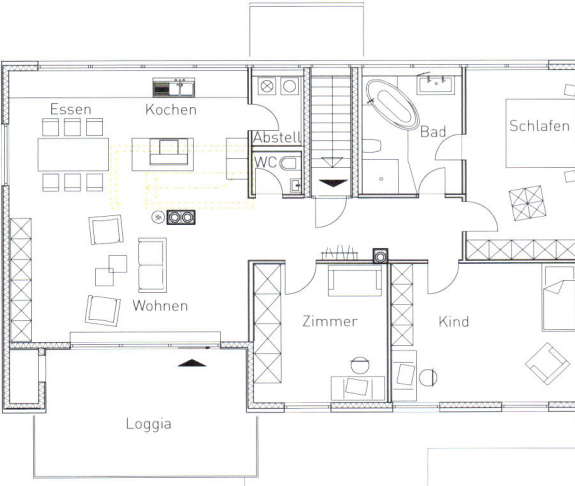

0  1                    10 m

Obergeschoss

**Besonderheiten:**

→ drei separate Eingänge von außen

→ schwellenfreie Gestaltung der neuen Wohneinheit unterm Dach

→ Aufstockung ohne tragende Innenwände, dadurch sehr flexibler Grundriss

→ ebenerdige Zugänge für die älteren Generationen

→ gemeinsame Gartennutzung

→ eigene Freibereiche (Terrassen/Balkon)

**Baudaten:**

**Erbauungszeit Altbau:** Ende der 1960er-Jahre
**Zeitraum Umbau:** 2007–2008
**Grundstücksgröße:** 794 m²
**Wohnfläche:** vor Aufstockung 215 m², nach Aufstockung 340 m² zuzüglich 103 m² Nutzfläche (Keller, Garage) und 52 m² Terrassen/Balkon/Loggia
**Bruttorauminhalt (BRI):** 1.428 m³ (davon Aufstockung 463 m³)
**Bauweise:** Bestand massiv (Backstein), Aufstockung Holzrahmenbauweise
**Energiekonzept:** Anschluss der neuen Einheit an die bestehende Zentralheizung
**Heizenergiebedarf/Jahr (Aufstockung):** 60,5 kWh/m²
**Gesamtkosten (inklusive Honorare, Steuern und Nebenkosten):** 205.000 Euro

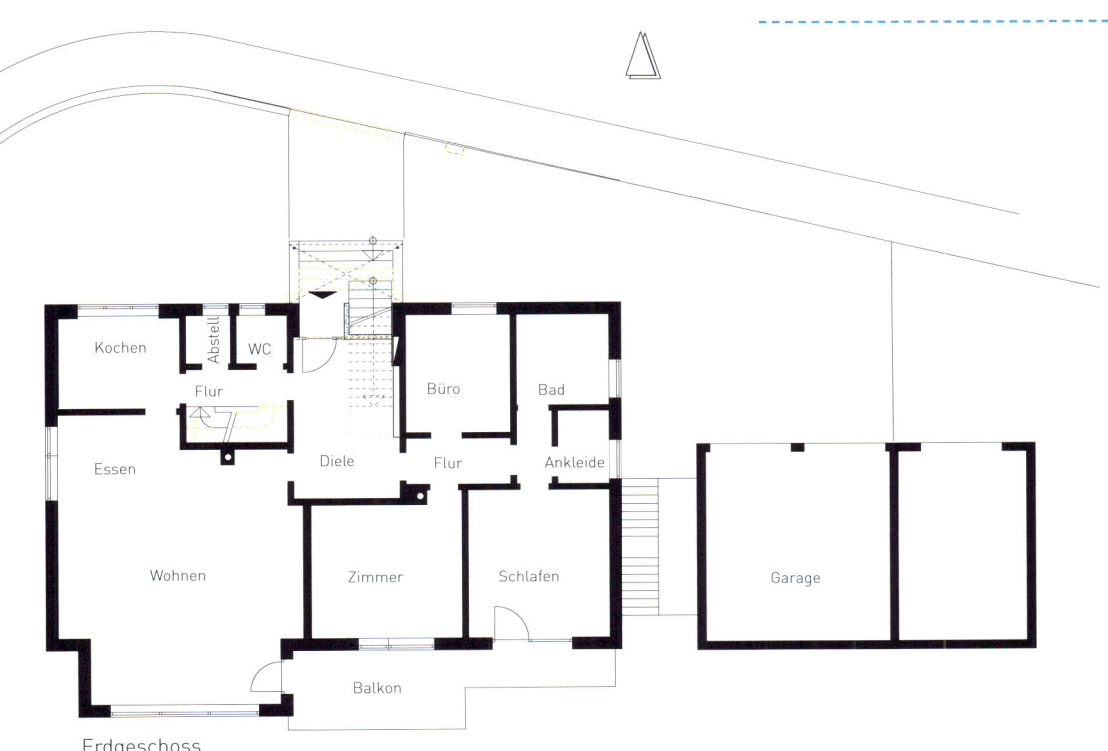

Erdgeschoss

# ALT UND NEU FÜR DIE GROSSFAMILIE

Architekt Andreas Mayer-Winderlich, Potsdam

**Sie wohnen hier:** Die junge Familie mit vier Kindern im Altbau; die Familie des Bruders mit zwei Kindern, die Großeltern sowie zwei Mitparteien im neuen Haus
**Das wurde gemacht:** Denkmalgerechte Sanierung und Umbau eines historischen Gasthofs, Neubau eines Einfamilienhauses
**Hier befindet sich das Projekt:** Potsdam (Vorstadtlage)

Potsdam, die brandenburgische Landeshauptstadt, ist ohne Zweifel eine der schönsten Städte in Deutschland. Auch wenn vieles zu Zeiten der DDR in die Jahre gekommen war, konnte ein großer Teil des baulichen Erbes bewahrt werden und zeigt sich nun in neuem Glanz. Als der Architekt Andreas Mayer-Winderlich und seine Frau Kirsten Winderlich im Jahr 2000 auf den prächtigen ehemaligen Gasthof in der

Vorstadt aufmerksam wurden, stand er bereits mehr als sieben Jahre leer, ließ aber seine baulichen Qualitäten für den geschulten Blick erkennen. Diese gaben zusammen mit dem großen zugehörigen Grundstück den Ausschlag dafür, das Anwesen zu erwerben und dort ein gemeinschaftliches Wohnprojekt mit den Eltern zu verwirklichen. Der Vorschlag, zusammenzuwohnen, ging in diesem Fall sogar von den Großeltern aus. So wurde es möglich, die mit 1800 Quadratmetern stolz bemessene Parzelle zu erwerben und den eigenen Kindern sowie denen der Schwester einen wunderschönen, wild-romantischen Gartenspielplatz mit vielen alten Bäumen zu bescheren.

## Stimmungsvoller Raum in Fülle

Die Mayer-Winderlichs machten sich in einem ersten Bauabschnitt mit großer Leidenschaft daran, den Gasthof innen und außen wieder zum Leben zu erwecken. Dabei ging es gar nicht um das Ziel, einen möglichst prächtigen, vielleicht sogar nie oder nicht mehr vorhandenen Bauzustand wiederherzustellen, sondern den historischen Gehalt wieder hervorzuarbeiten. Dazu entfernte man später angebrachte Anbauten und Putzfassaden, und das ursprüngliche Gebäude mit Sichtmauerwerk aus dem 18. Jahrhundert mit

Links: Gartenansicht des Altbaus. Über dem Anbau rechts befindet sich eine Dachterrasse, die dem Kindergeschoss zugeordnet ist.

Rechte Seite: Ansicht des Neubaus mit der vorgelagerten Treppe und Terrasse. Die Großeltern bewohnen die unteren Ebenen, der Sohn mit Familie lebt darüber. Das Staffelgeschoss ist vermietet. Die Sockelverkleidung besteht aus von Vorgängerbauten gesichertem Naturstein. Rechts hinten das Einfahrtstor, ganz rechts der Altbau

seinen Schmuckelementen wurde so wieder sichtbar. Im Inneren entstanden große Räume mit massiven, an die Gasthofvergangenheit anknüpfenden Eichendielen. Ein großer offener Kamin bildet den Blickfang des Wohnbereichs, der allen Familienmitgliedern reichlich Platz bietet. Neben den Räumen für die Familie konnte im früheren Gasthaus auch das Architekturbüro untergebracht werden. Zur östlichen Gartenseite bestanden noch aus den Zeiten der gastronomischen Nutzung im Erd- und Obergeschoss große, panoramaartige Fensterflächen, die wegen der hohen Gestaltqualität und der dadurch optimierten Belichtung der Räume belassen wurden. Im Obergeschoss sind die vier Kinder- und Schlafzimmer nebst Bädern um eine offene Wohndiele angeordnet.

## Zeitgemäß wohnen für die ältere Generation

Hätte man normalerweise angenommen, dass die ältere Generation sich für das Wohnen im alten Gasthof entscheiden würde, so war es hier genau anders herum: Die Großeltern bekamen vom Schwiegersohn einen Neubau genau für ihre Bedürfnisse, der mit seinem Flachdach, der klaren Fassadeneinteilung und den großen Fensterflächen manch gewohnte Sichtweisen infrage stellt. Dabei

ist er keineswegs ein Fremdkörper, sondern fügt sich etwa durch die Farbe der Fensterläden aus Eiche, die sich an die Mauerwerksfarbe des Altbaus anpassen, sehr gut zu dem bestehenden Gebäude. Die durch die großen Glasflächen optimale Belichtung des Innern kommt gerade älteren Menschen zugute, zumal angesichts der mit zunehmendem Alter nachlassenden Sehkraft. So erübrigt es sich selbst an trüben Tagen, das Licht anzuschalten. Wie im Altbau wurden überall Böden aus Eiche verlegt. Bewusst wollten die Bewohner zum jetzigen Zeitpunkt keine völlige Barrierefreiheit und kein behindertengerechtes Haus, aber die entsprechenden Einrichtungen können bei Bedarf nachgerüstet werden. Bewegungsräume und Treppenradien sind aber darauf abgestimmt. Die Großeltern wohnen als »Haus im Haus« im unteren Bereich des neuen Gebäudes auf drei Ebenen, nämlich dem Obergeschoss mit ineinander übergehendem Wohn- und Schlafbereich, darunter der Wohnküche mit Freitreppe zu Terrasse und Garten sowie einer Sauna, die sich im Untergeschoss befindet. Darüber sind die Familie des Sohnes mit ihren Kindern sowie zwei weitere Parteien eingezogen. Die zusätzliche Schaffung von hochwertigen Mieteinheiten war in diesem Fall ein nicht unwesentlicher Baustein für die Verwirklichung des Konzepts – ein nachahmenswertes Beispiel für andere familiäre Mehrgenerationenprojekte.

Links: Gruppenbild mit drei Generationen auf der Freitreppe der Großelternwohnung

Rechte Seite: Die Wohnräume im Neubau werden durch Eichenböden, klares Wohndesign und angenehme Belichtung geprägt. Die filigranen Holzlamellenläden dosieren das einfallende Licht genau nach Bedarf.

Oben links: Der Sohn des Architekten beim Lesen in der »Bücherhöhle«

Oben rechts: Durchblick vom gemeinsamen Büro zum Ess- und Bibliothekszimmer

Rechts: Der nordwestliche Anbau des alten Hauses beherbergt im Erdgeschoss das Wohn-, Klavier- und Elternschlafzimmer. Das Obergeschoss gehört somit den Kindern.

Linke Seite: Das fast deckenhohe Regal trennt das gemeinsame Büro vom Esszimmer im Altbau. Die Aussparung im oberen Bereich ist für die Kinder bestimmt, die sie gerne als Versteck oder Leseplatz nutzen.

1. Obergeschoss

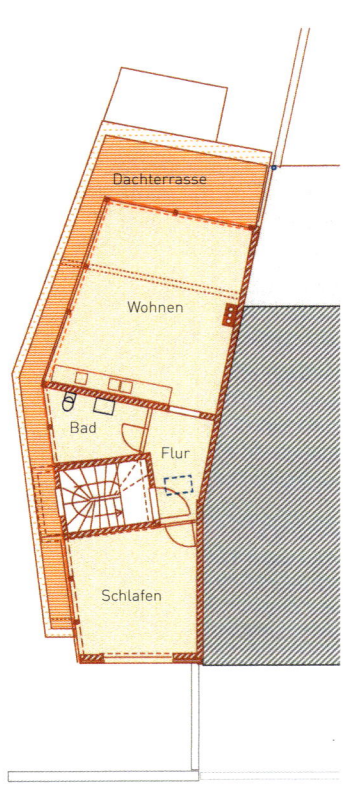

3. Obergeschoss

Erdgeschoss

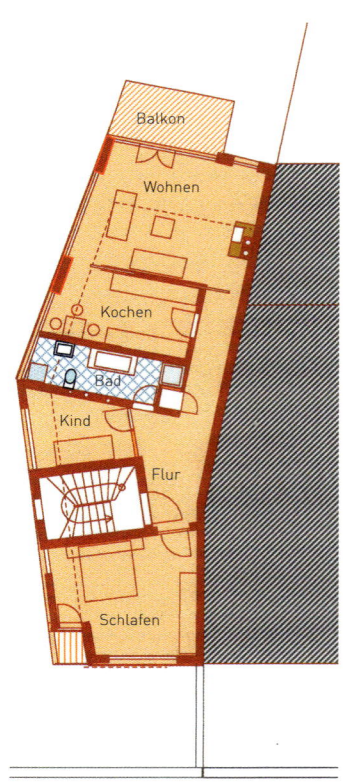

2. Obergeschoss

## Besonderheiten:

→ Wahrung der Privatsphäre durch separate Eingänge

→ eigene hochwertige Freibereiche für alle Parteien
(Terrassen, Dachterrassen, Balkone)

→ Hof, Garten und Musikpavillon mit Rondell als
gemeinsamer Begegnungsraum

→ Neubau im »Haus-im-Haus«-Prinzip als Kompen-
sation für das frühere Eigenheim der Großeltern

## Baudaten:

**Baujahr Altbau:** 1780
**Bauzeitraum:** Sanierung Altbau 2000–2002, Neubau 2006–2007
**Grundstücksgröße:** ca. 1.800 m²
**Wohnfläche:** Altbau 196 m² zuzüglich 39 m² Dachterrasse, Neubau
316 m² zuzüglich 42 m² Balkone
**Bruttorauminhalt (BRI):** Altbau 1.225 m³, Neubau 1.130 m³
(jeweils ohne Keller)
**Bauweise:** Altbau massiv Backstein; Neubau Stahlbeton, gedämmt/
verschalt
**Energiekonzept:** Gas-Brennwerttherme
**Heizenergiebedarf/Jahr:** 95 kWh/m²
**Gesamtkosten (inklusive Honorare, Steuern und Nebenkosten):**
Altbau 365.000 Euro, Neubau 515.000 Euro, Außenanlagen 45.000 Euro

# AUS EINS MACH ZWEI

Rolf Meier | Martin Leder | Architekten, Baden, und Christof Rösch, Sent (Schweiz)

**Sie wohnen hier:** Die Tochter mit Ehemann im Mittel- und Gartengeschoss, die Mutter im Straßen- und Mittelgeschoss

**Das wurde gemacht:** Umbau und Erweiterung eines Einfamilienhauses von 1953 zum Zweiparteienhaus

**Hier befindet sich das Projekt:** Baden/Kanton Aargau (Schweiz)

Das im Jahr 1953 errichtete, an einem nach Nordwesten blickenden Hang gelegene Einfamilienhaus wurde zuletzt nur noch von der über 70-jährigen Mutter bewohnt. Die vorhandene Wohnfläche empfand sie für sich allein als zu groß und den Pflegeaufwand als belastend. Nach einigen Gesprächen in der Familie kam man zu dem Ergebnis, dass die gemeinsame Nutzung des früheren Familienheims für alle Seiten die beste Lösung sei. Fachliche Unterstützung

kam aus der eigenen Familie: Der Sohn des Hauses, Christof Rösch, entwarf zusammen mit den Badener Architekten Rolf Meier und Martin Leder ein Umgestaltungskonzept, das beiden Generationen gefiel.

## Drei Wohnebenen für zwei Generationen

Da bei der Errichtung des Gebäudes noch nicht an eine flexible, altersabhängige Nutzungsanpassung gedacht worden war, waren bauliche Veränderungen unumgänglich. Die vorgeschlagene und letztlich auch umgesetzte Lösung der Architekten bestand darin, das Haus in zwei Einheiten mit separaten Zugängen zu unterteilen und das mittlere Geschoss zwischen den Parteien aufzuteilen. Die Wohnung von Tochter und Schwiegersohn ist nun südseitig vom Mittelgeschoss her erschlossen, die der Mutter ostseitig vom darüberliegenden Straßengeschoss. Im Obergeschoss wurde lediglich der Wohnraum in Richtung der bestehenden Terrasse erweitert. Zwischen den Bereichen von Mutter und Kindern ist nun eine Art gedecktes Atrium eingeschoben, das sanft unterteilt, aber durch die eingebauten großen Glasflächen den Sichtkontakt zulässt. Die Mutter nutzt den entstandenen Raumzusammenhang als Wohn-, Ess- und Kochbereich, im darüber liegenden Stra-

Links: Blick auf das Straßengeschoss mit dem Eingang der Mutter. Links unten der Eingang zur zweiten Wohneinheit

Rechte Seite: Gartenansicht mit der unter das Dach eingezogenen Terrasse, die die beiden Einheiten trennt. Die Mutter bewohnt das oberste Geschoss und den linken Teil des mittleren Geschosses, die jüngere Generation die übrigen Bereiche.

ßengeschoss wird geschlafen und gearbeitet. Die fließend konzipierten Innenraumstrukturen des ganzen Hauses verstehen sich gleichsam als szenografische Schauplätze.

### Neuer Lebensraum mit optimaler Belichtung

Die jüngere Generation bezog das völlig neu konzipierte und unterteilte Gartengeschoss, das aus dem ehemaligen dunklen Keller entstanden ist. Große Glasfronten belichten nun die allesamt zum Garten orientierten Wohn- und Schlafräume, Schiebetüren ermöglichen einen direkten und schwellenlosen Zugang ins Grüne. Das Schlafzimmer und das zentral untergebrachte Bad sind durch eine Schiebetür abgetrennt. Im darüber angeordneten Obergeschoss mit dem Eingang befindet sich der Arbeitsbereich mit der Bibliothek. Außentreppen, die auch die Verbindung der

Wohneinheiten und den Zugang zum gemeinsam genutzten Garten herstellen, wurden im Hinblick auf die Trittsicherheit und Begehbarkeit teilweise erneuert, Pflanzen ergänzt.

### Auf die Höhe der Zeit gebracht: Ästhetisch angepasst und vereinheitlicht

Zwar wurden die Fassaden nicht durchgehend umgestaltet, aber es ist doch deutlich zu sehen, dass die Eingriffe der Architekten unter Berücksichtigung baulicher Kontinuität einen ruhigen, klaren Rhythmus gebracht haben. Die neuen Verglasungen sind mit Bedacht gesetzt, die unbehandelten Aluminiumprofile der eingebauten Holzfenster tragen beträchtlich zur Vereinheitlichung des Erscheinungsbilds bei. Vor allem die Terrassenerweiterung hat nicht nur einen Gewinn an Wohnfläche, sondern auch an gestalterischer Qualität mit sich gebracht.

Linke Seite: Wohnraum im Gartengeschoss mit Kamin und
Le-Corbusier-Liege

Oben: Sofa und Essplatz profitieren insbesondere dank des
eingetieften Niveaus vom direkten Außenbezug.

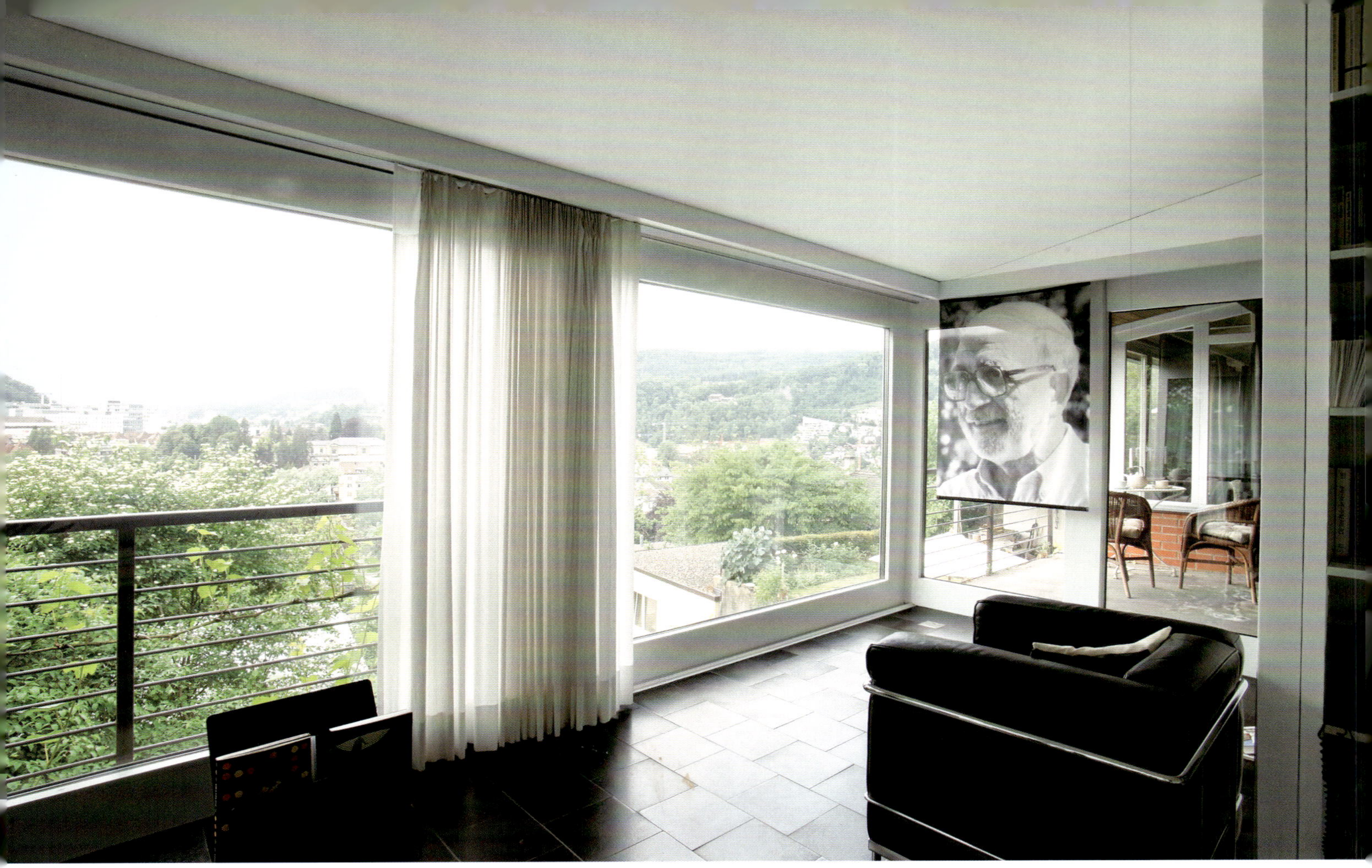

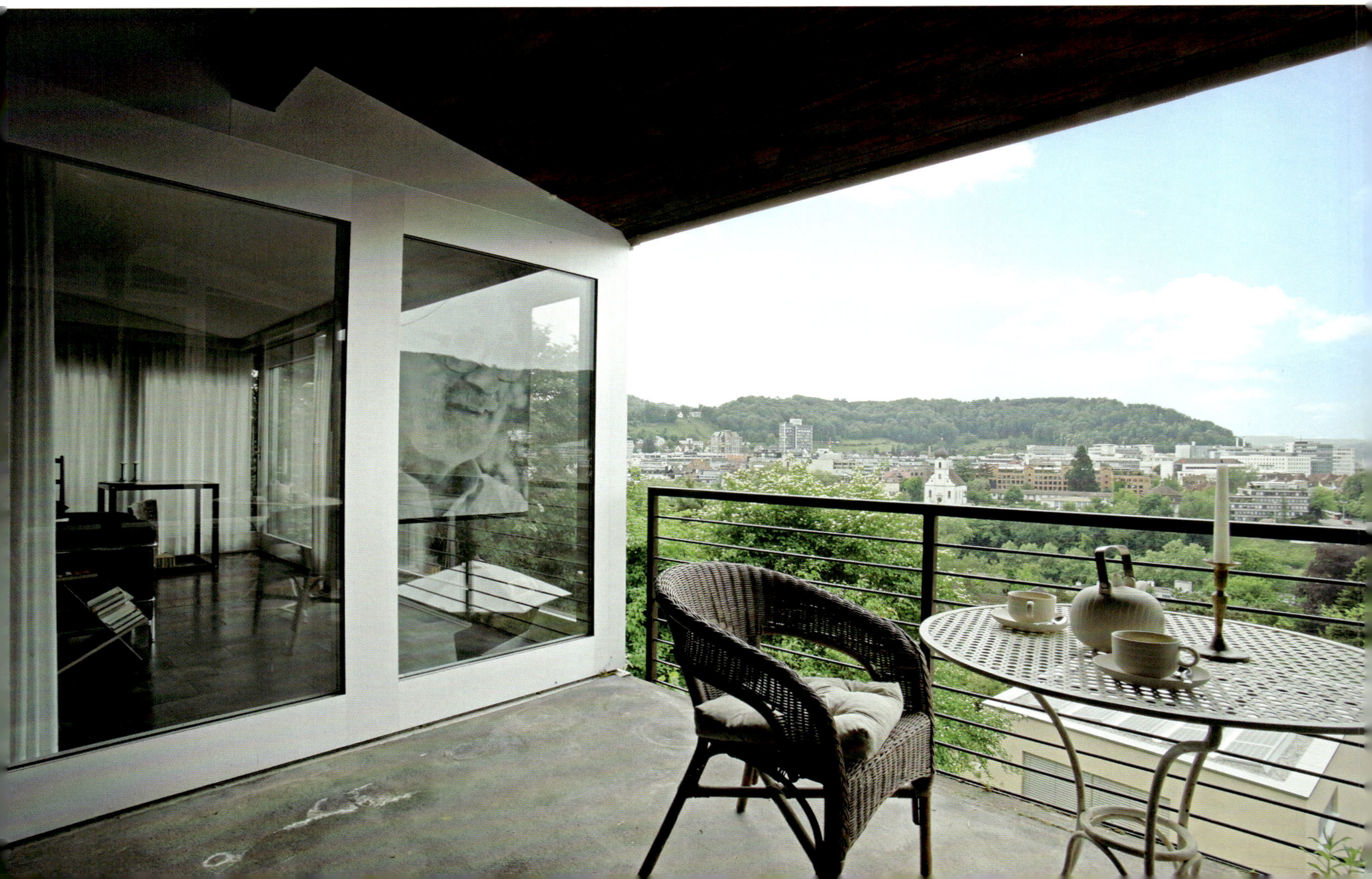

Linke Seite oben: Bibliothek im Mittelgeschoss mit Blick
zur Terrasse und zur Wohnung der Mutter

Linke Seite unten: Die Terrasse der Mutter ist sogar bei
Regen ein angenehmer Aufenthaltsplatz mit bester Aussicht.

Rechts oben: Wohnung der Mutter mit Blick Richtung
Terrasse. Die Verglasungen können bei Bedarf mit einem
Vorhang geschlossen werden.

Rechts unten: Blick in das Bibliothekszimmer

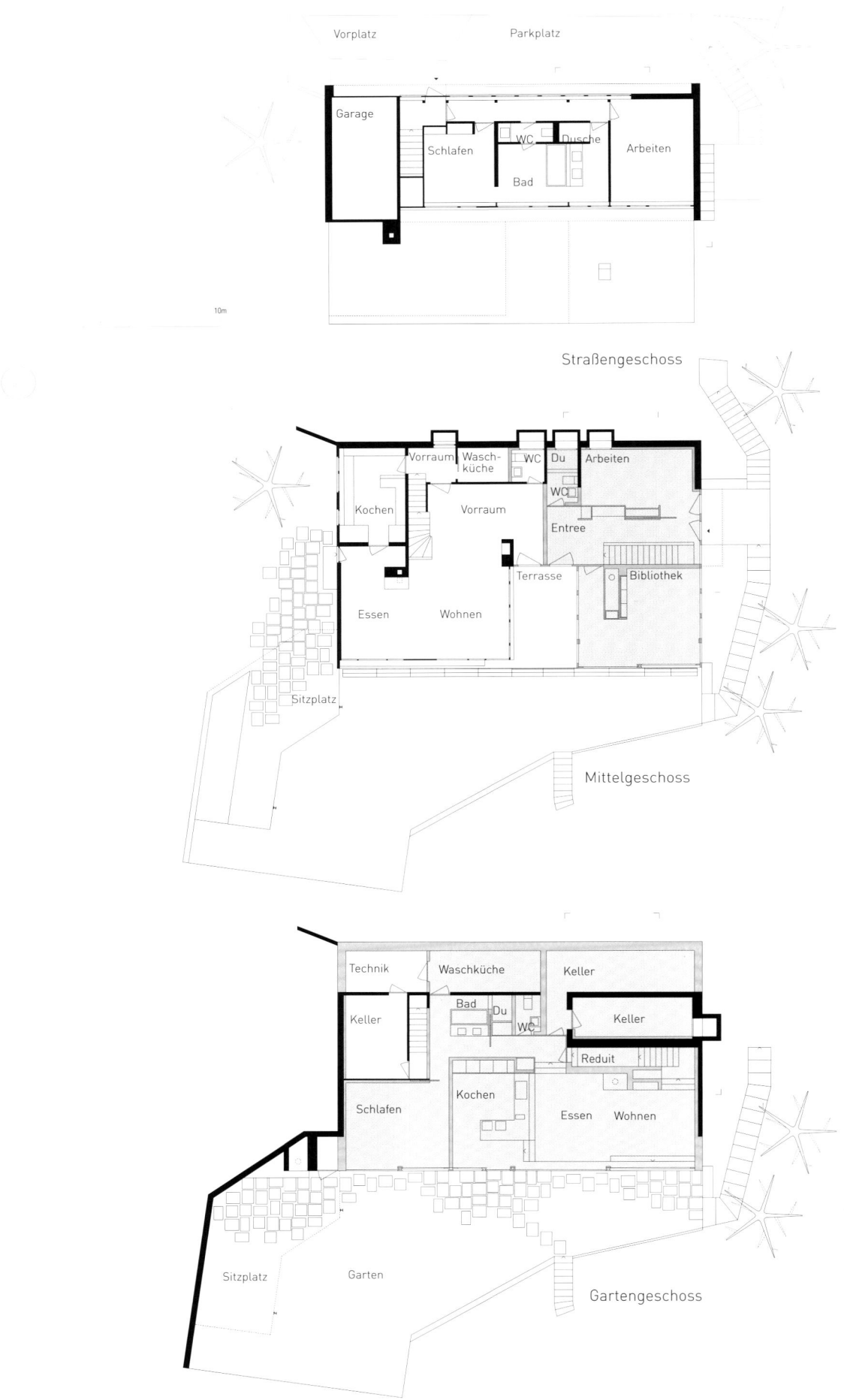

Vorplatz      Parkplatz

Garage

Schlafen    WC   Dusche    Arbeiten

Bad

10m

Straßengeschoss

Vorraum  Wasch-
küche   WC  Du  Arbeiten

Kochen    Vorraum    WC

Entree

Terrasse    Bibliothek

Essen   Wohnen

Sitzplatz

Mittelgeschoss

Technik   Waschküche   Keller

Keller

Bad  Du    Keller

WC

Reduit

Kochen

Schlafen    Essen  Wohnen

Sitzplatz   Garten

Gartengeschoss

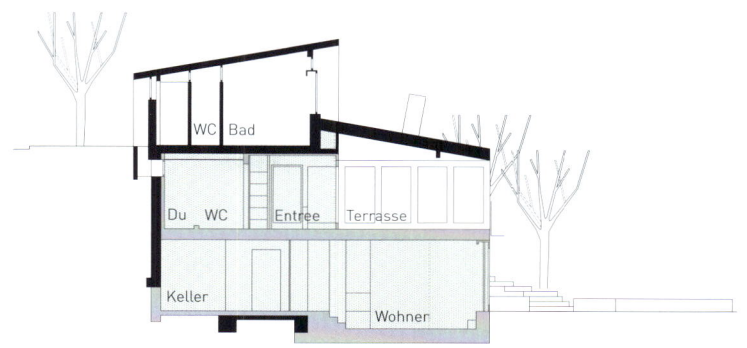

Querschnitt

Unten: Die südseitige Außentreppe verbindet die drei Niveaus.

Ganz unten: Großformatige Glasschiebetüren lösen die Grenzen zwischen Garten und Wohnraum auf.

## Besonderheiten:

→ ebenerdiger Zugang für die Mutter

→ verschiedene, den Einheiten zugeordnete Freibereiche (Terrassen)

→ Garten als Begegnungsraum

→ gegenseitige Sichtbeziehungen durch neue Verglasungen (z. B. Terrasse im Mittelgeschoss) ohne Verlust an Privatsphäre

→ klare Trennung der Wohneinheiten

## Baudaten:

Baujahr Altbau: 1953 (Architekt Dieter Feth)
Zeitraum Umbau: 2005–2006 (8 Monate)
Grundstücksgröße: ca. 590 m²
Wohnfläche: Wohneinheit junge Generation 149 m² zuzüglich 12 m² Terrassen (ohne Freiflächen Garten), Mutter 146 m² zuzüglich 20 m² Sitzplatz
Bruttorauminhalt (BRI): 1.111 m³
Bauweise: massiv (Ziegelmauerwerk)
Energiekonzept: Wasser-Sole-Wärmepumpe als Zentralheizung (statt bestehender Ölheizung)
Gesamtkosten: keine Angaben

139

# UMBAU UND ERWEITERUNG EINES ACHTZIGERJAHRE-HAUSES

Architekt Martin Schaub, Großkarolinenfeld/Bayern

**Sie wohnen hier:** Die junge Familie mit zwei Kindern, die Großmutter im Anbau

**Das wurde gemacht:** Bauliche und energetische Sanierung des Bestandshauses, Anbau einer eingeschossigen Erweiterung

**Hier befindet sich das Projekt:** nahe dem Chiemsee/Bayern

Derzeit steht bei vielen Gebäuden aus den 1970er- und 1980er-Jahren eine Entscheidung über die weitere Nutzung an. Meist machen sich die Eigentümer, deren Kinder das Haus verlassen haben, Gedanken über einen etwaigen Verkauf und über alternative Nutzungsmöglichkeiten. So auch bei diesem 1981 errichteten Einfamilienhauses nahe dem Chiemsee. Die Mutter lebte in dem 161 Quadratmeter große Gebäude alleine; was ihr sowohl zum Bewohnen wie auch zum Instandhalten zu belastend geworden war. Der Vorschlag ihrer Tochter, zusammen mit ihrer Familie zu ihr zu ziehen, gefiel ihr spontan, denn das gegenseitige Verhältnis war – und ist – ausgesprochen gut.

## Erweiterung für die Großmutter, Anpassung des Bestands

Mit der Ausarbeitung von Vorschlägen wurde der in der Region ansässige Architekt Martin Schaub beauftragt. Die ersten Entwürfe fanden die Zustimmung beider Familienteile: Man entschloss sich dazu, auf dem mit fast 900 Quadratmetern ausreichend bemessenen Grundstück einen Erweiterungsbau für die Mutter zu erstellen, der auch das neue Esszimmer der Familie einschließen sollte. Der Anbau besitzt mit seinen 56 Quadratmetern die gewünschte Größe und ist leicht zu pflegen. Er umfasst neben einem

Links: Blick auf die Erweiterung von Süden. Auch mit dem Anbau haben die Jungs in dem eingewachsenen Garten noch viel Platz zum Spielen.

Rechte Seite: Altbau und Erweiterung (rechts) sind durch die Umbaumaßnahmen zur gestalterischen Einheit geworden. In der Mitte der Eingang zum zwischengeschalteten Essbereich. Die auf der Südseite durchlaufende, 40 Quadratmeter große Terrasse wurde vom Bauherrn in Eigenleistung erstellt.

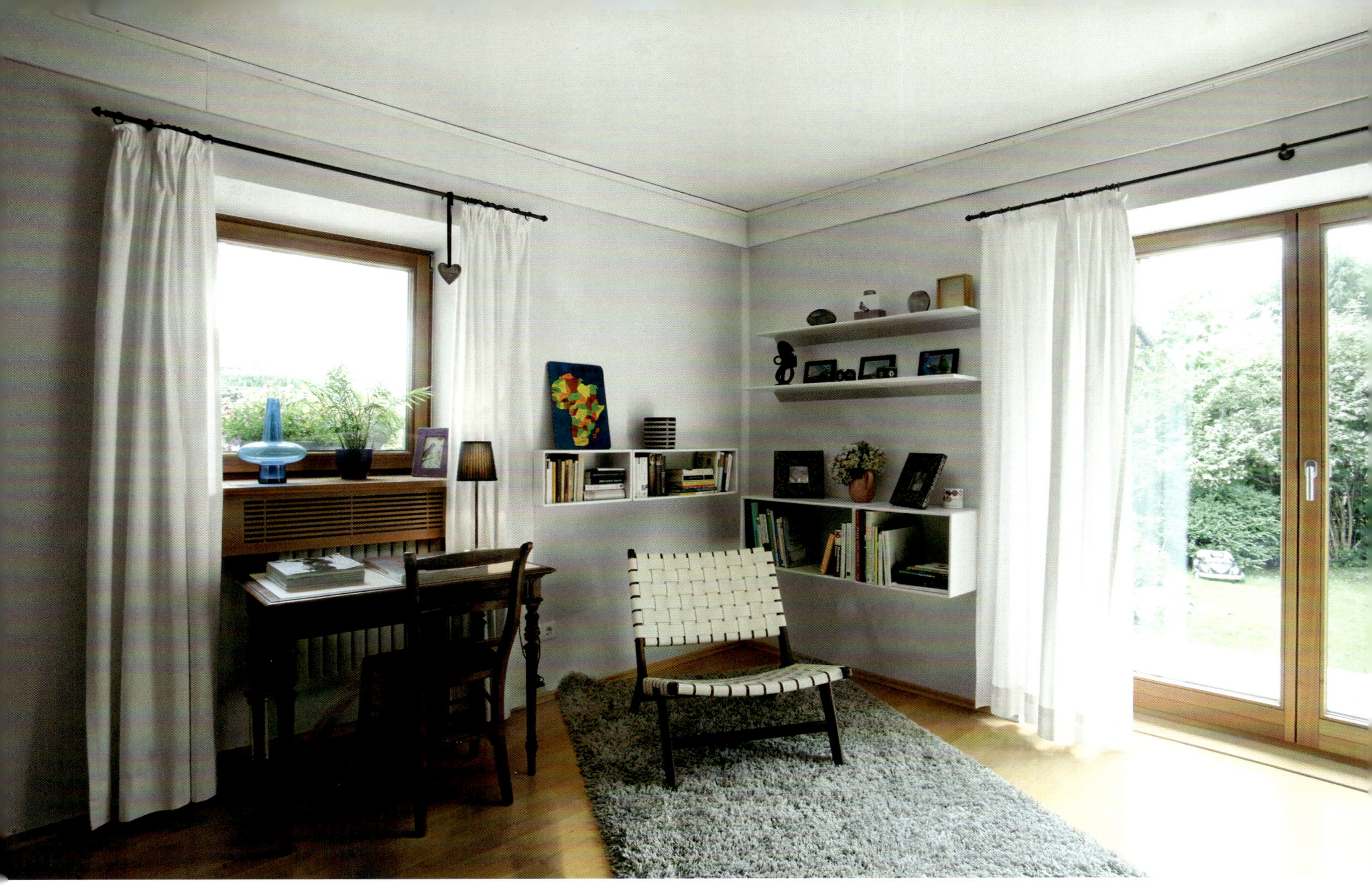

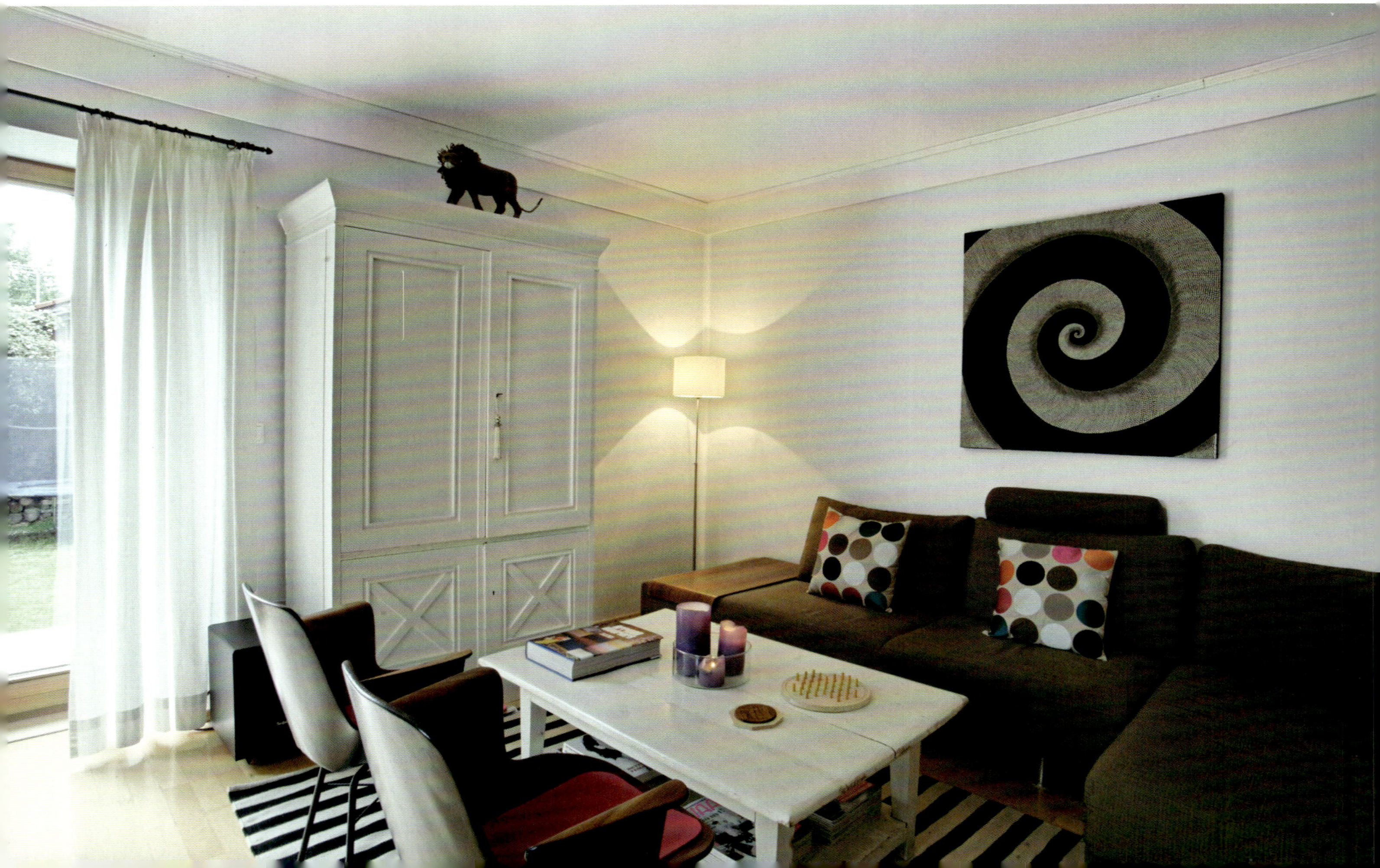

Bad mit Dusche einen zusammengeschalteten Wohn-, Ess- und Kochbereich sowie ein etwas kleineres Schlafzimmer. Die erdgeschossige Lage mit direktem Zugang zur Terrasse und zum Garten sowie der Verzicht auf eine zweite Ebene machen das Konzept besonders altersgerecht, zumal damit das oft beschwerliche Treppensteigen entfällt. Eigene Eingänge für beide Parteien gewährleisten die Wahrung der Privatsphäre bei gleichzeitiger räumlicher Nähe. Bei Bedarf, beispielsweise im Pflegefall, kann ein direkter Wanddurchbruch zwischen den Gebäuden hergestellt werden.

Die Tochter bezog mit ihrer Familie den nach Abschluss der Umbaumaßnahmen 176 Quadratmetern umfassenden Altbau, den Ansprüchen der vierköpfigen Familie genau entsprechend.

Martin Schaub entwarf eine klar gegliederte Fassade, wie beim Neubau mit hellen Holzfenstern und Schiebeläden sowie einem liegenden Lichtband im Obergeschoss mit Holzverschalung auf der Nordseite. Die neuen Massivholzläden waren der Bauherrin Sandra Mira sehr wichtig, die diese Elemente auf ihren Arbeitsaufenthalten als Modefotografin in Kapstadt kennen- und liebengelernt hatte. Manche unnötigen Elemente wie der ausladende Balkon am Südostgiebel wurden entfernt. Dort entstand der neue Anbau, der als eingeschossiger Satteldachbau ausgeführt wurde und so die Zimmer im Dachgeschoss des Altbaus nicht beschattet. Ein ursprünglich angedachtes Flachdach wurde von den Behörden nicht genehmigt.

Rechts oben: Blick von der Küche zum Essplatz (Deckenleuchte von Muuto)

Rechts unten: Das skandinavische Erbe zeigt sich in der natürlichen Mischung antiker und moderner, immer jedoch klarer Formen. Die antike schwedische Truhenbank fügt sich perfekt zum Fensterband. Die fliederfarbenen Wände liefern den farblich stimmigen Hintergrund.

Linke Seite oben: Leseecke im Wohnzimmer mit einem aus Bali mitgebrachten Sessel. Die Regale sind vom dänischen Hersteller Montana. Vom Schreibtisch aus hat man das Geschehen im Garten jederzeit im Blick.

Linke Seite unten: Die Sitzgruppe im Wohnzimmer zeigt einen gelungenen, harmonischen Stilmix, der Zutaten unterschiedlichster Herkunft vereint. Zum antiken Tischlein gesellen sich ein Massivholzschrank (Marktex), ein Sofa (BoConcept) und ein Gemälde aus Bali. Das Highlight bilden zusammen zwei originale, erstaunlich gut erhaltene italienische Nobile-Stühle von 1938.

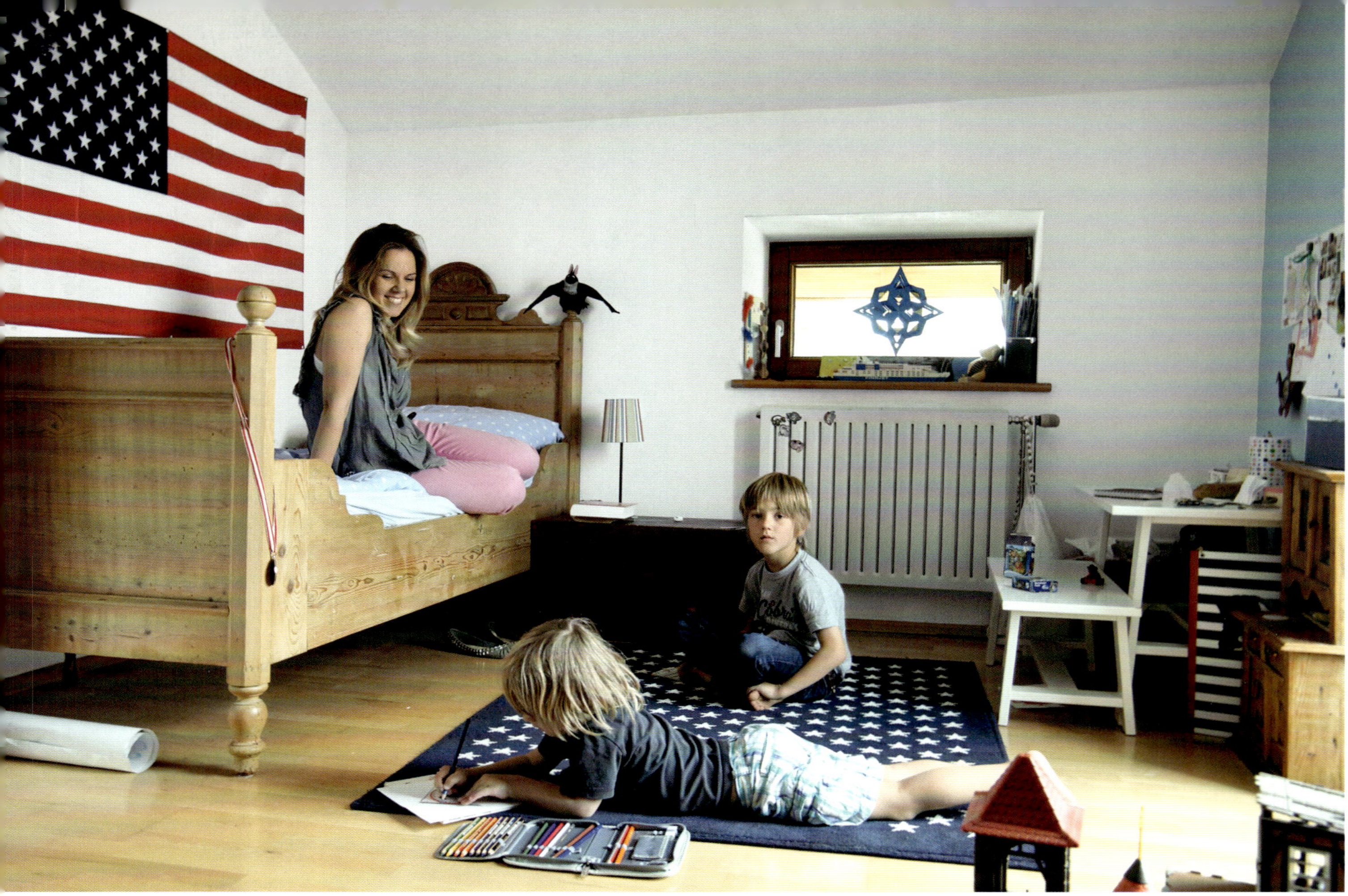

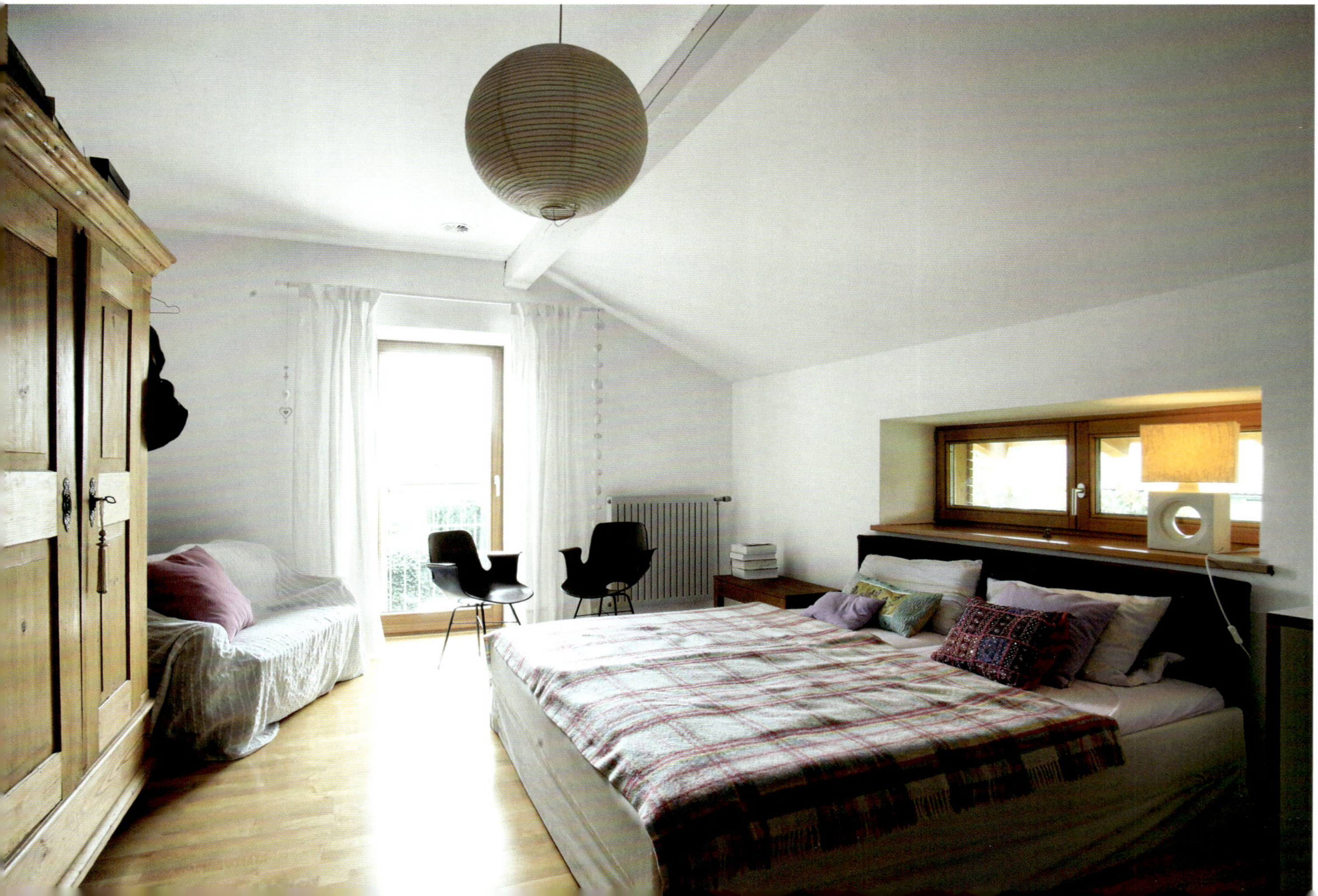

## Umbauen und energetisch Sanieren

Umbaumaßnahmen im Zuge neuer Nutzungen sind bautechnisch und ökonomisch nur dann wirklich sinnvoll, wenn sie mit einer ganzheitlichen energetischen Optimierung einhergehen. Die Bauherren brachten große Bereitschaft mit, weitgehende Maßnahmen zu ergreifen. Der Einbau sogenannter Passivhauskomponenten, etwa die kontrollierte Be- und Entlüftungsanlage mit Wärmerückgewinnung sowie die Herstellung einer ausgezeichneten Luftdichtigkeit und Dämmung der Außenbauteile führten sogar dazu, dass ein sehr hoher Niedrigenergiestandard und ein Heizenergieverbrauch erreicht werden konnte, der nahe an dem eines Passivhauses liegt. Der Endenergieverbrauch des Gebäudes konnte durch die baulichen Maßnahmen um erstaunliche 90 Prozent von circa 180 auf etwa 17 kWh/m$^2$ gesenkt werden! Der verbleibende Heizenergiebedarf wird nun durch eine gemeinsame, kompakte Sole-Wärmepumpe gedeckt, die die bestehende Ölheizung ersetzt hat.

Oben: Der große Wohnraum der Mutter vereinigt Sitzecke, Essplatz und Küche in einem einzigen, durch die Deckenhöhen besonders großzügigen Raum. Die großen Verglasungen nach Süden sorgen ganztags für eine gute und angenehme Belichtung; bei Bedarf sorgen die Fensterläcen für Beschattung.

Linke Seite oben: Auch die im Obergeschoss untergebrachten Kinderzimmer zeichnen sich durch eine sichere Kombination von alten und neuen Elementen mit Lieblings-Accessoires aus, die Farbe ins Spiel bringen. Das Bett ist ein antikes oberbayerisches Bauernmöbel.

Linke Seite unten: Das Elternschlafzimmer. Hinten zwei weitere Nobile-Stühle

Ansicht der Eingangsseite von Norden. Links die Erweiterung
für die Mutter, rechts der modernisierte Altbau

## Besonderheiten:

→ separate Eingänge der beiden Wohneinheiten

→ ebenerdige Wohnung der Großmutter im Anbau (ohne
Innentreppen)

→ Seniorenwohnung durch beschränkte Wohnfläche
leicht zu unterhalten

→ gartenseitige Verbindung der Wohneinheiten über
durchgehende Terrasse (ohne Niveauunterschiede)

→ weitergehende barrierefreie Umbauten planerisch
mit minimalem Aufwand möglich (barrierefreies
Duschbad, schwellenloser Eingang etc.)

## Baudaten:

**Baujahr Altbau:** 1981
**Zeitraum Umbau/Sanierung und Erweiterung:** 2008 (6 Monate)
**Grundstücksgröße:** ca. 881 m²
**Wohnfläche nach Umbau und Erweiterung:** 232 m² (davon Altbau
mit neuem Zwischenbau/Esszimmer 176 m², Neubau 56 m²)
zuzüglich 40 m² Terrassen
**Bauweise nach Umbau:** massiv (Altbau und Erweiterung Ziegel-
Hochlochmauerwerk, gedämmt und verputzt)
**Energiekonzept:** Sole-Wärmepumpe, kontrollierte Be- und Entlüf-
tung, sehr gute Dämmung und Luftdichtigkeit
**Heizenergiebedarf/Jahr nach Sanierung (Altbau und Erweite-
rung):** ca. 17 kWh/m²
**Gesamtkosten Umbau/Sanierung und Erweiterung (inklusive
Honorare, Steuern und Nebenkosten):** 250 Euro/m³

Bad
Kind 1
Abstell
Flur
Kind 2
Eltern

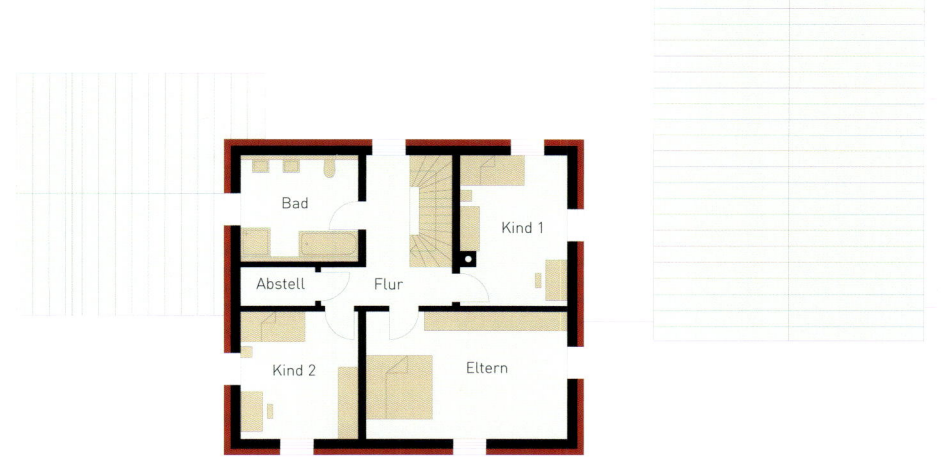

Obergeschoss

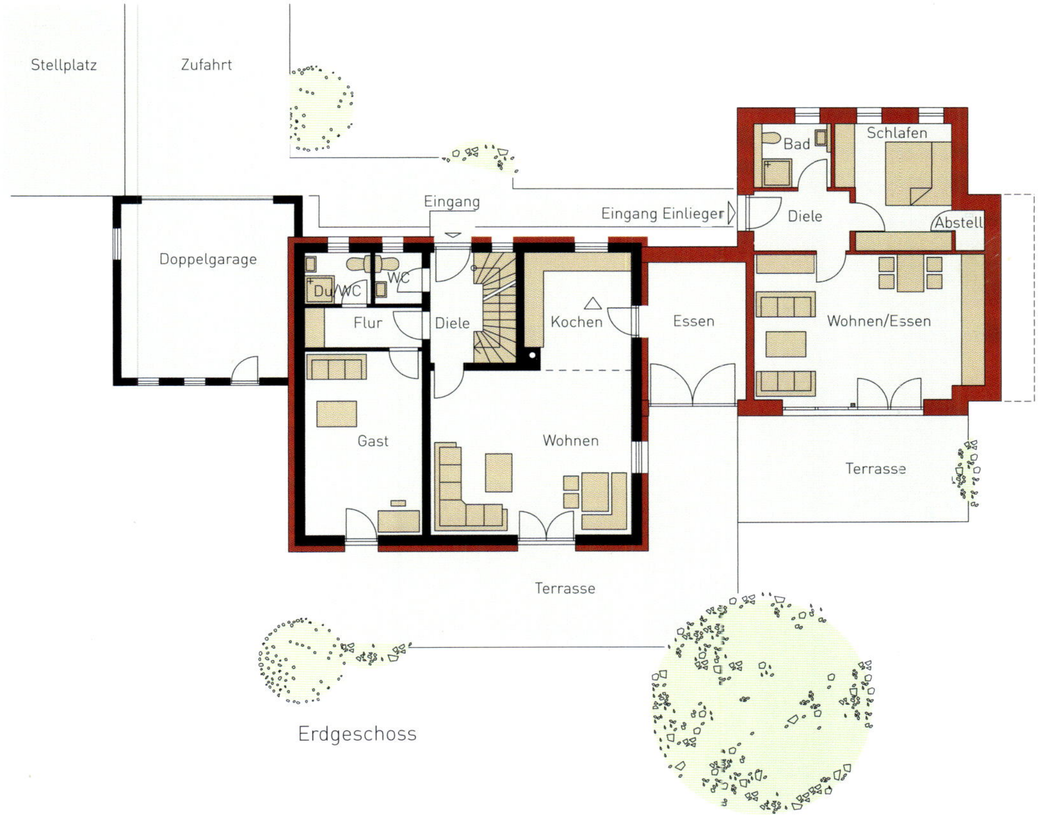
Stellplatz
Zufahrt
Bad
Schlafen
Eingang
Eingang Einlieger
Diele
Abstell
Doppelgarage
Du/WC
WC
Flur
Diele
Kochen
Essen
Wohnen/Essen
Gast
Wohnen
Terrasse
Terrasse

Erdgeschoss

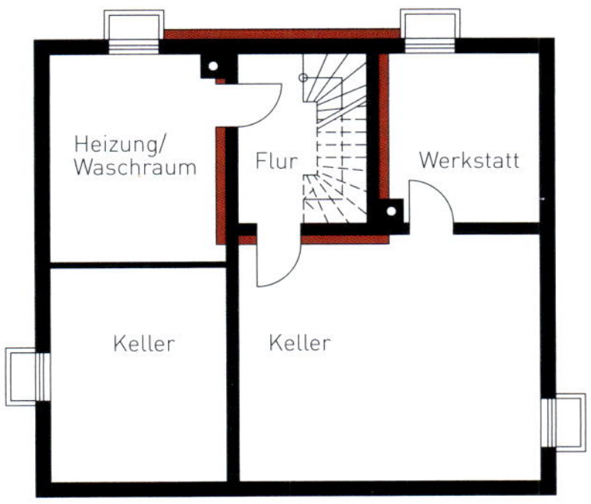
Heizung/
Waschraum
Flur
Werkstatt
Keller
Keller

Untergeschoss

# ALTERSGERECHTES HAUS AM HANG

Architekt Hansulrich Benz, Weissach/Baden-Württemberg

**Sie wohnen hier:** Ein Ehepaar um die siebzig
**Das wurde gemacht:** Neubau in Hanglage
**Hier befindet sich das Projekt:** bei Stuttgart

Den Wunsch, in einem barrierefreien Haus zu wohnen, wird man zunächst nicht mit einem Grundstück in steiler Hanglage in Verbindung bringen. In vielen Fällen ist es aber ein geneigtes Grundstück, das zur Neubebauung dienen soll. Bei diesem Projekt hatte das Bauherren-Ehepaar einen besonders engen Bezug zu der Parzelle, die es viele Jahre als Garten genutzt hatte und sich seit Langem im Familienbesitz befand. Von hier aus bietet sich ein weiter, großartiger Blick auf die Stadt. Architekt Hansulrich Benz nutzte die Gegebenheiten, namentlich die terrassierten Hänge und die Mauern, um daraus das Gebäudekonzept

zu entwickeln: Auf drei Niveaus blieb die vorhandene Terrassenstruktur sichtbar und wurde für die Wohnraum-Atmosphäre genutzt. Die der Hangbefestigung dienenden Bruchsteine aus Muschelkalk wurden vor Beginn der Arbeiten abgebaut, zwischengelagert und anschließend für die neuen Stützmauern verwendet.

### An alles gedacht: Barrierefrei und altersgerecht auf drei Geschossen

Die Ehepartner wünschten sich ein Haus für die gesamte zweite Lebenshälfte, das alle abzusehenden und etwaigen Veränderungen von vornherein berücksichtigen sollte, ohne später umgebaut oder nachgebessert werden zu müssen. Aus diesem Ansatz resultierte die durchgängige Barrierefreiheit, die es auf allen Geschossen ermöglicht, sich ohne Überwindung von Höhendifferenzen zwischen den einzelnen Räumen zu bewegen. Dies gilt auch für die

**Links:** Blick von Westen mit der sich über drei Ebenen erstreckenden Glasfassade

**Rechte Seite:** Ostansicht des Hauses mit Fassade aus gesägtem Muschelkalk und Steinmauer. Das hoch transparente Erdgeschoss verleiht der Architektur Leichtigkeit. Schwellenlose Terrassen umschließen das Gebäude.

Oben: Blick über den Essplatz mit Kamin in die schwäbische Landschaft

Rechte Seite oben: Galeriegeschoss mit Arbeitsbereich

Links: Schwellen- und Barrierefreiheit sind bei diesem Haus wichtige Themen, auch beim großzügig dimensionierten Badezimmer.

Außenbereiche, denn alle Übergänge zwischen Innen und Außen sind schwellenlos ausgebildet. Die als Fassadenmaterial eingesetzten Muschelkalkplatten wurden auch als Terrassenbeläge in geschliffener Ausführung verlegt, um eine optimale Begehbarkeit und gegebenenfalls die Befahrbarkeit mit einem Rollstuhl zu ermöglichen. Die Terrasse im Sockelgeschoss umspannt das Gebäude von Ost nach West und verbindet so auch die Zugänge. Hier befinden sich neben Technik- und Lagerräumen auch der Wellnessbereich, ein Arbeitszimmer sowie der Wohntrakt für Gäste mit eigener Küche und eigenem Bad, der bei Bedarf später auch als Wohnung für eine Pflegekraft dienen kann. Darüber, im mittleren Geschoss, sind alle wichtigen Räume zusammengefasst, sodass man sich im täglichen Leben überwiegend auf diesem Niveau bewegt, das nach Westen von einer wiederum schwellenlos anschließenden Terrasse erweitert wird. Zusätzlich zu den Innentreppen gibt es einen Aufzug, der alle drei Ebenen miteinander verbindet. Die Erschließungselemente befinden sich zwischen den beiden »schwebenden« Kuben, die die wichtigsten Gebäudenutzungen aufnehmen – dem östlichen,

eher introvertierten »Steinquader« und dem westlichen »Glashaus« mit offenem Charakter.

## Vorausschauende Energietechnik und Nachhaltigkeit

Die Natur war nicht nur Thema des architektonischen Entwurfs, sondern liefert auch einen Großteil der benötigten Energie mithilfe nachhaltiger Energietechnik: In die Dachverglasung ist eine transluzente, also lichtdurchlässige, Photovoltaikanlage integriert, deren Erträge in das Stromnetz eingespeist werden. Als Heiz- beziehungsweise Kühlzentrale dient eine Erdwärmepumpe. Das Niederschlagswasser wird in einer Zisterne gesammelt, deren Inhalt zur Gartenbewässerung verwendet wird. So ist das Haus auch in dieser Hinsicht für die Zukunft gerüstet und garantiert seinen Bewohnern noch im Alter eine moderne und kostengünstige Energieversorgung.

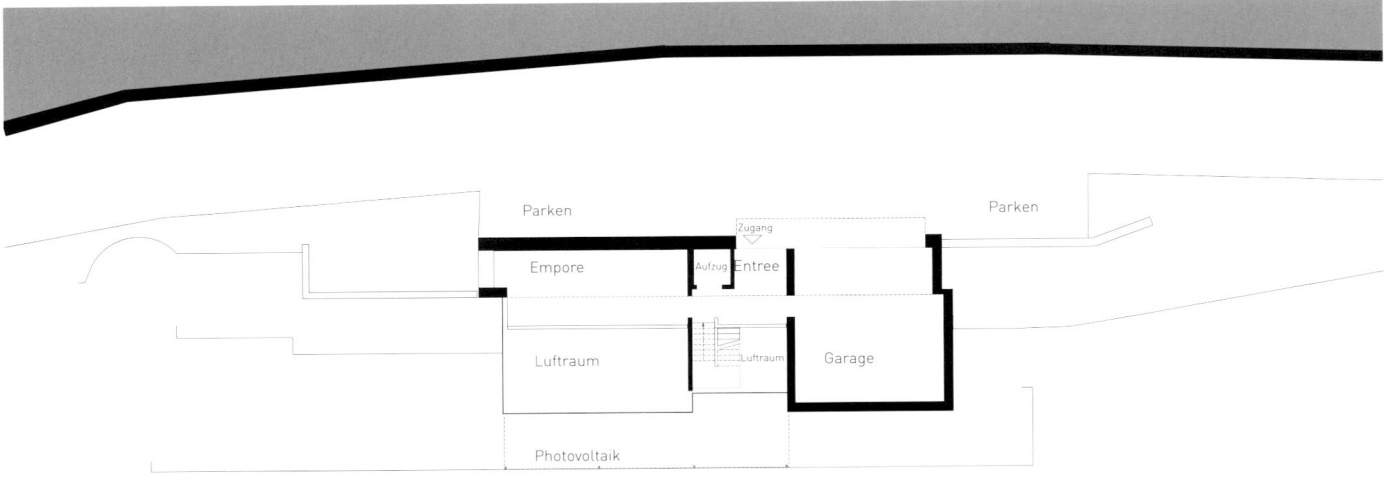

Dachgeschoss

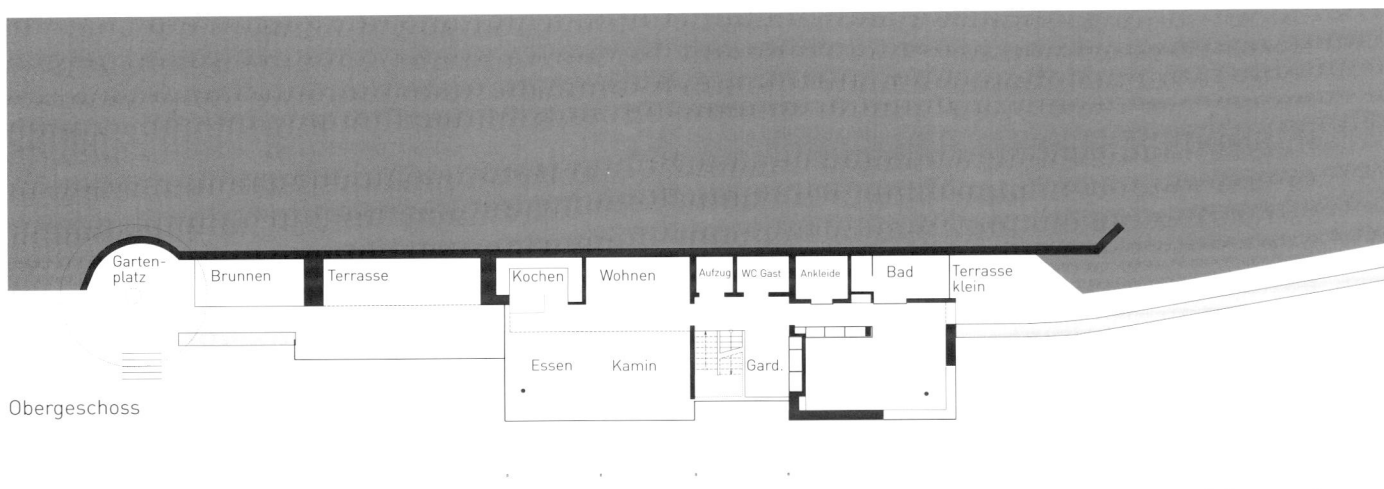

Obergeschoss

0 1 — 5

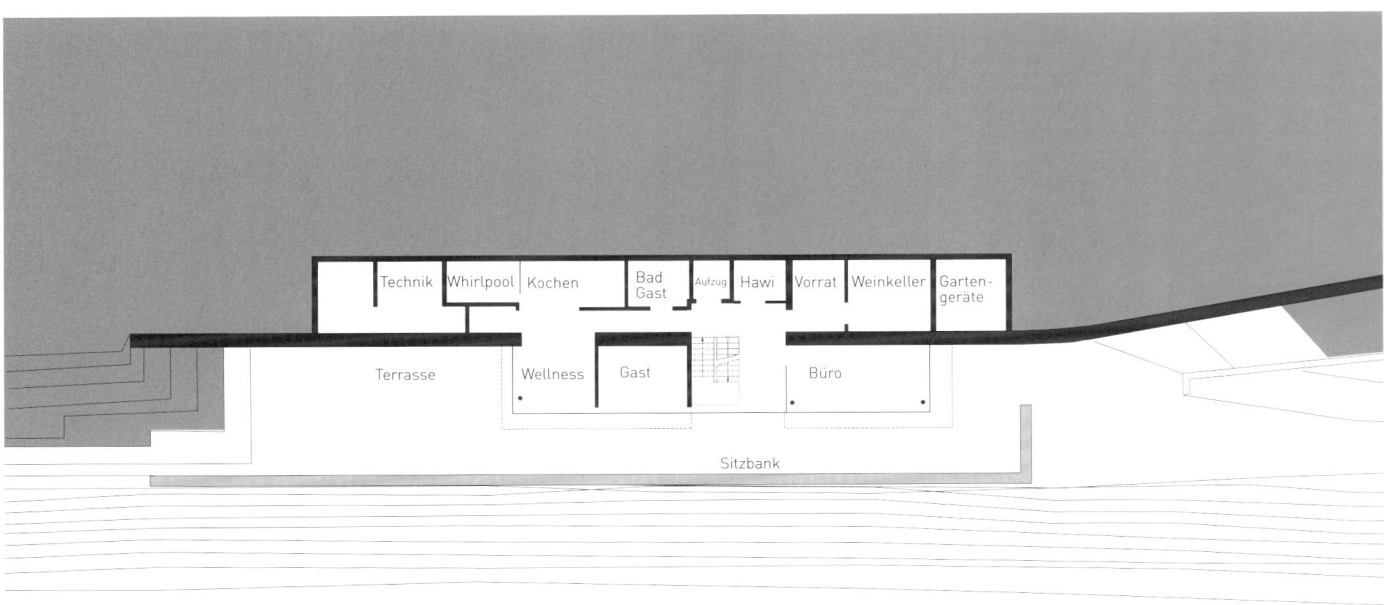

Erdgeschoss

Oben links: Die großzügigen Terrassen sind von den jeweiligen Wohn-bereichen aus barrierefrei zu erreichen – hier die Westansicht auf Höhe des Obergeschosses.

Oben: Das Dachgeschoss mit Zufahrt und Eingang zeigt sich weit-gehend geschlossen.

## Besonderheiten:

→ durchgängig barrierefreies Konzept mit schwellenlosen Übergängen und Aufzug

→ Zusammenfassung der wichtigsten Räume auf einer Ebene

→ Wohnung für Pflegekraft im Gartengeschoss vorbereitet

→ nachhaltige und im Betrieb günstige Energieversorgung

## Baudaten:

Bauzeitraum: 2006–2007 (17 Monate)
Grundstücksgröße: 1.109 m² (inkl. Garage)
Wohnfläche: 298 m² zuzüglich 82 m² Nutzfläche und 218 m² Terrassen
Bruttorauminhalt (BRI): 968 m³
Bauweise: massiv (gedämmt und mit Muschelkalkplatten verblen-det), ansonsten Glasfassade
Energiekonzept: Erdsonden-Wärmepumpe als Zentralheizung, transluzente Photovoltaik-Anlage auf dem Dach, passive Nutzung der Solarenergie
Heizenergiebedarf/Jahr: 52,13 kWh/m²
Gesamtkosten: keine Angaben

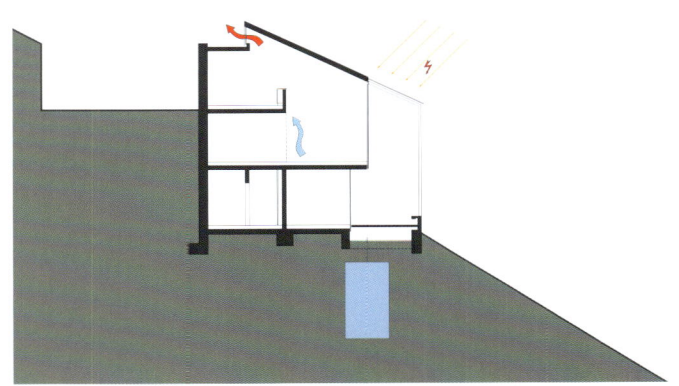

Schnitt

# EIN HAUS, DAS BEWEGLICH HÄLT – MIT ALTERSGERECHTER VORRÜSTUNG

brenner architekten, München – Berlin

**Sie wohnen hier:** Ein Ehepaar um die sechzig
**Das wurde gemacht:** Neubau in Hanglage
**Hier befindet sich das Projekt:** Landshut/Bayern

Wenn Bauherren um die 60 nochmals bauen, kommen zwei Konzepte infrage: Zum einen das bereits für das Alter vollständig ausgestattete Haus, wie es auf den Seiten 148–153 dieses Buchs beschrieben wird, oder aber ein Gebäude, das bewusst auf Bewegung der Bewohner setzt und bei Bedarf nachgerüstet werden kann. Letzteres haben Architekt und Bauherren bei dem hier vorgestellten Haus verwirklicht.

## Ohne Aufzug, aber mit Weitblick

Aufzüge und Ähnliches sucht man hier vergebens, denn das Ehepaar wollte ganz bewusst nicht zu früh zu bequem werden. Dennoch wurde bereits bei der Planung an alle Eventualitäten gedacht: Die großzügig bemessenen Ein- und Austritte der Treppen und ihre Breite von bis zu 1,30 Meter ermöglichen im Bedarfsfall die Nachrüstung eines rollstuhlgerechten Plattform-Treppenlifts ohne weitere Anpassungsmaßnahmen. Ferner sind innerhalb der drei Wohnebenen bereits heute alle Übergänge schwellenlos, das heißt, zwischen den Räumen und den zugeordneten Terrassen kann man sich jederzeit bewegen, ohne dass Niveauunterschiede zu überwinden wären. Durchgänge, Flure und Türen sind sämtlich auf das Befahren mit Rollstuhl ausgelegt. Selbst bei den Fenstern ist eine eventuelle spätere elektrische Bedienbarkeit vorgesehen, die Verkabelung dafür ist bereits vorhanden.

## Wohnliche Holzbox

Die kubische Grundform wird durch die kühne Auskragung der beiden oberen Wohnebenen aufgebrochen, darunter befindet sich das verputzte Eingangsgeschoss mit Gästezimmer/Büro und untergeordneten Räumen. Hauptwohngeschoss ist die mittlere Ebene, in der sich Wohnen, Essen

Links: Wie eine riesige Holzbox scheinen die oberen Geschosse über dem Sockel aus Stahlbeton zu schweben.

Rechte Seite: Ungeachtet der Hanglage besitzt jedes Geschoss einen barrierefreien, großzügigen Ausgang zum Garten. Hier die Terrasse zwischen dem überdachten Freisitz und dem Wohn-, Ess- und Kochraum.

**Oben:** Das erste Obergeschoss ist als konsequent offene Wohnform mit schwellenfreien Zugängen sowohl zur West- als auch zur Ostterrasse konzipiert.

**Unten links:** Bei der Planung des Badezimmers im obersten Geschoss wurde auf die Einhaltung der Wenderadien für Rollstühle und auf die Belange der Barrierefreiheit geachtet.

**Unten rechts:** Der breite Flur im zweiten Obergeschoss gibt dem Raum Großzügigkeit und Bewegungsspielraum.

Unten: Die Treppe zum zweiten Obergeschoss. Bei Bedarf kann der Wohnbereich später auch auf die beiden unteren Ebenen beschränkt werden; dafür ist die Treppe zwischen Erd- und erstem Obergeschoss in den Maßen schon auf die Nachrüstung eines Treppenlifts abgestimmt.

Oben: Beide Schlafzimmer unter dem Dach werden auch als Arbeits- und Atelierräume genutzt.

und Kochen zum Einraum verbinden. Die Küchenzeile dient als Raumteiler, hält aber so viel Abstand zur Wand, dass man dahinter bequem durchgehen kann.

Im Norden, Osten und Westen befinden sich Terrassenbereiche und im Süden ein etwas abgesetzter, überdachter Sitzplatz. Dieses Leben im Freien war von den Bauherren, die beide Landschaftsarchitekten sind, ausdrücklich gewünscht und setzt die idyllische Umgebung am Rand eines Landschaftsschutzgebiets in Szene. Der weite Ausblick trägt seinen Teil zur überzeugenden Gesamtwirkung bei. Nicht nur von draußen, sondern auch von drinnen ist die Umgebung planvoll ins rechte Licht gesetzt. Große, teils übereck laufende Fensterbänder insbesondere auf der Süd- und Westseite sorgen für Licht, Wärme und das ganze Jahr für eine wohnliche Atmosphäre. Nach Norden gibt sich der Bau eher zugeknöpft und spart so in der kalten Jahreszeit Energie. Die nötige Heizwärme erzeugen Solarkollektoren, die auch das Brauchwasser erwärmen, und eine Gas-Brennwerttherme.

Linke Seite oben: Schwellenfrei am Hang:
Die blockartige Bank und der überdachte
Pavillon sind von der mittleren Wohnebene
auf ebenem Terrain zu erreichen.

Linke Seite unten links: Beim Eingang
entstand eine geschützte Terrasse, Wasserbecken und Kiesgarten formen einen stim-
mungsvollen Außenbereich.

Linke Seite unten rechts: Blick von der
Ost- zur Westterrasse durch den großen
Wohnraum.

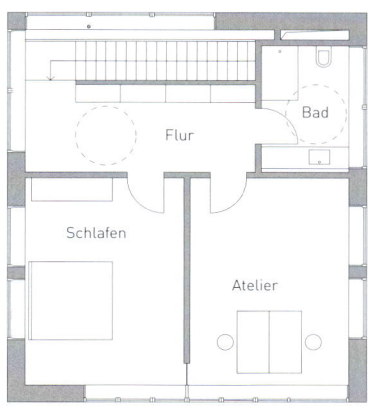

2. Obergeschoss

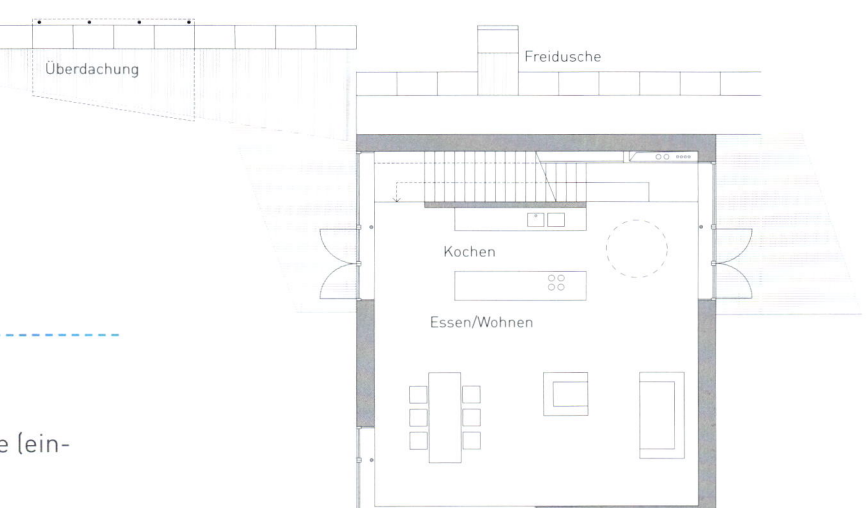

1. Obergeschoss

---

**Besonderheiten:**

→ Schwellenlosigkeit innerhalb der Geschosse (einschließlich West- und Ostterrasse)

→ Treppenbreiten sowie Ein- und Austritte großzügig
bemessen

→ altersgerechte Einrichtungen vorbereitet

---

**Baudaten:**

Bauzeitraum: 2010 (5 Monate)
Grundstücksgröße: 888 m²
Wohnfläche: 185 m² zuzüglich 57 m² Terrassen
Bruttorauminhalt (BRI): 880 m³
Bauweise: Holzrahmen-Konstruktion, gedämmt und holzverschalt
bzw. Stahlbeton verputzt (Eingangsgeschoss), Holz-Beton-Ver-
bunddecken
Energiekonzept: Gas-Brennwerttherme, Solartherme
Heizenergiebedarf/Jahr: 50 kWh/m²
Gesamtkosten (inklusive Honorare, Steuern und Nebenkosten):
ca. 400.000 Euro

---

Erdgeschoss (Eingangsgeschoss)

# FLEXIBEL ERWEITERN,
# FÜR DIE ZUKUNFT PLANEN

brenner architekten, München – Berlin

---

**Sie wohnen hier:** Eine Familie mit einem Kind
**Das wurde gemacht:** Neubau eines Einfamilienhauses als Erweiterung eines bestehenden Wohngebäudes
**Hier befindet sich das Projekt:** Landshut/Bayern

Bei der Planung stellt sich für Bauherren und Architekten immer die Frage, wie die aktuellen Ansprüche mit den sich wandelnden Bedürfnissen unter einen Hut gebracht werden können. So ist der Wohnflächenbedarf einer Familie, deren Kinder im Haus leben, viel größer als später, wenn die Eltern allein darin wohnen. Hinzu kommen Veränderungen der Arbeitstätigkeit und anderes. Soll die Architektur für die Zukunft gerüstet sein, muss sie auf solche Wechsel frühzeitig vorbereitet sein.

## Aus eins mach zwei – aus zwei mach eins

Architekt Christoph Brenner wurde von den Bauherren beauftragt, ihr Raumproblem zu lösen, bei größtmöglicher Flexibilität der Nutzungen. Bis dato bewohnte die Familie zu dritt einen charmanten, aber mit 115 Quadratmetern Wohnfläche zu klein gewordenen Altbau aus den 1930er-Jahren. Die Tätigkeit der Mutter als Musiklehrerin sowie die musikalischen Neigungen von Vater und Tochter taten ein Übriges, um die Platzprobleme zu verschärfen. Allerdings wollten die Eltern vermeiden, später in einem viel zu großen Gebäude zu wohnen, das keine Nutzungsalternativen zulässt. Die Lösung bestand in einer Erweiterung des Altbaus, der aber nicht direkt angebaut, sondern mittels einer gläsernen »Schleuse« angehängt wurde. In der Schleuse befinden sich an den gegenüberliegenden Seiten zwei separate Eingänge, die gewährleisten, dass Alt- und Neubau sowie auch die beiden zugehörigen Gärten später ohne große Umbaumaßnahmen wieder voneinander abgekoppelt werden können. Beispielsweise kann der Altbau nach dem Auszug der Tochter von den Eltern bezogen, komplett als Büro oder Wohnhaus vermietet oder auch beruflich genutzt werden.

Linke Seite: Der verglaste Zwischenbau besitzt zwei gegenüber-
liegende Zugänge. Einer davon führt hinaus zur windgeschützt
eingepassten, ebenerdig angebundenen Terrasse. Hinten die
Südfassade des Neubaus.

Unten: Nordwestansicht des Neubaus, dessen Obergeschoss
auf gleicher Höhe liegt wie das Erdgeschoss des alten Hauses.

Links: Blick von der Küche durch den verglasten Verbindungsgang in den Wohn- und Essbereich des Neubaus

Rechte Seite oben: Elternschlafzimmer im Neubau mit Panoramablick ins Isartal und auf die Burg

Rechte Seite unten: Blick durch den Wohn- und Essbereich zur »Glasschleuse« mit dem zweiten Eingang auf der Ostseite. Die Materialität des in Holzmassivbauweise errichteten, nach außen gedämmten Hauses ist in jedem Raum ablesbar: Im Inneren bestehen Decken und Wände aus weiß lasiertem Holz.

### Neue Formensprache ohne Aufdringlichkeit

Im Gegensatz zum zweigeschossigen Altbau mit Satteldach entstand der Neubau als geradliniger Kubus mit Flachdach, dessen zurückhaltende, wohltuend einfache Gestaltung und dunkelgraue Holzfassade sich harmonisch zum alten Haus fügen. Die gläserne, schwellenfreie Verbindung besteht im Bereich des Erdgeschosses (Altbau) beziehungsweise des Obergeschosses (Neubau) zwischen der alten Küche und dem neuen Ess-/Wohnbereich. Im ruhigen Eck bei der Glasschleuse befindet sich eine holzgedeckte Terrasse, die auch schwellenlos zugänglich ist. Die Hanglage des Grundstücks und das Flachdach der Erweiterung ermöglichten es – nicht zuletzt dank einer einsichtigen Baugenehmigungsbehörde –, dreigeschossig zu bauen. So bietet das oberste Schlafgeschoss der Eltern einen besonders schönen Ausblick über die Stadt und die niederbayerische Landschaft. Auf der untersten Ebene mit Garten und Eingang, akustisch getrennt, findet der Musikunterricht statt. Das Zimmer der Tochter, ein Ausweich-Wohnraum, die Bibliothek sowie untergeordnete Funktionen sind im Altbau untergebracht.

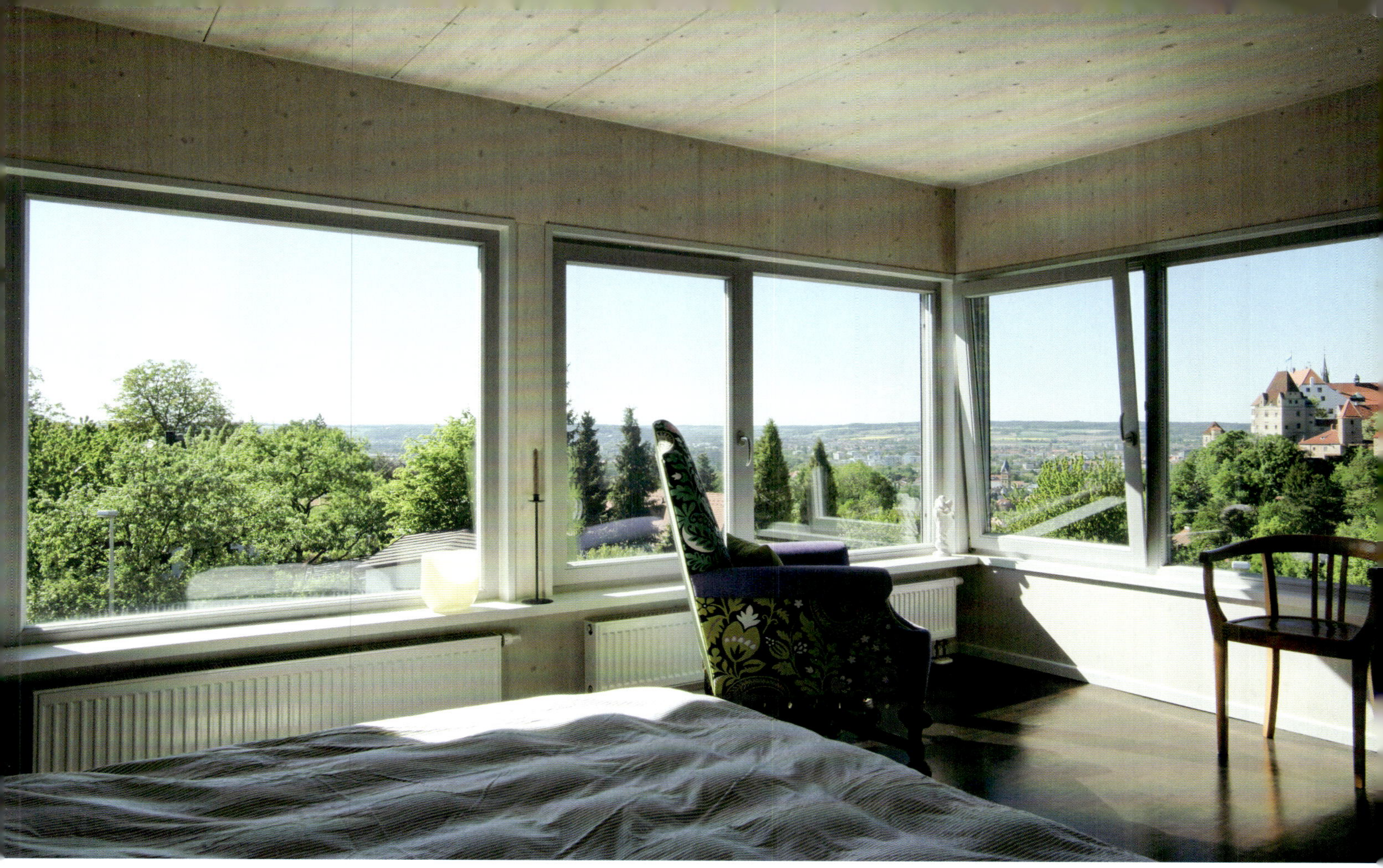

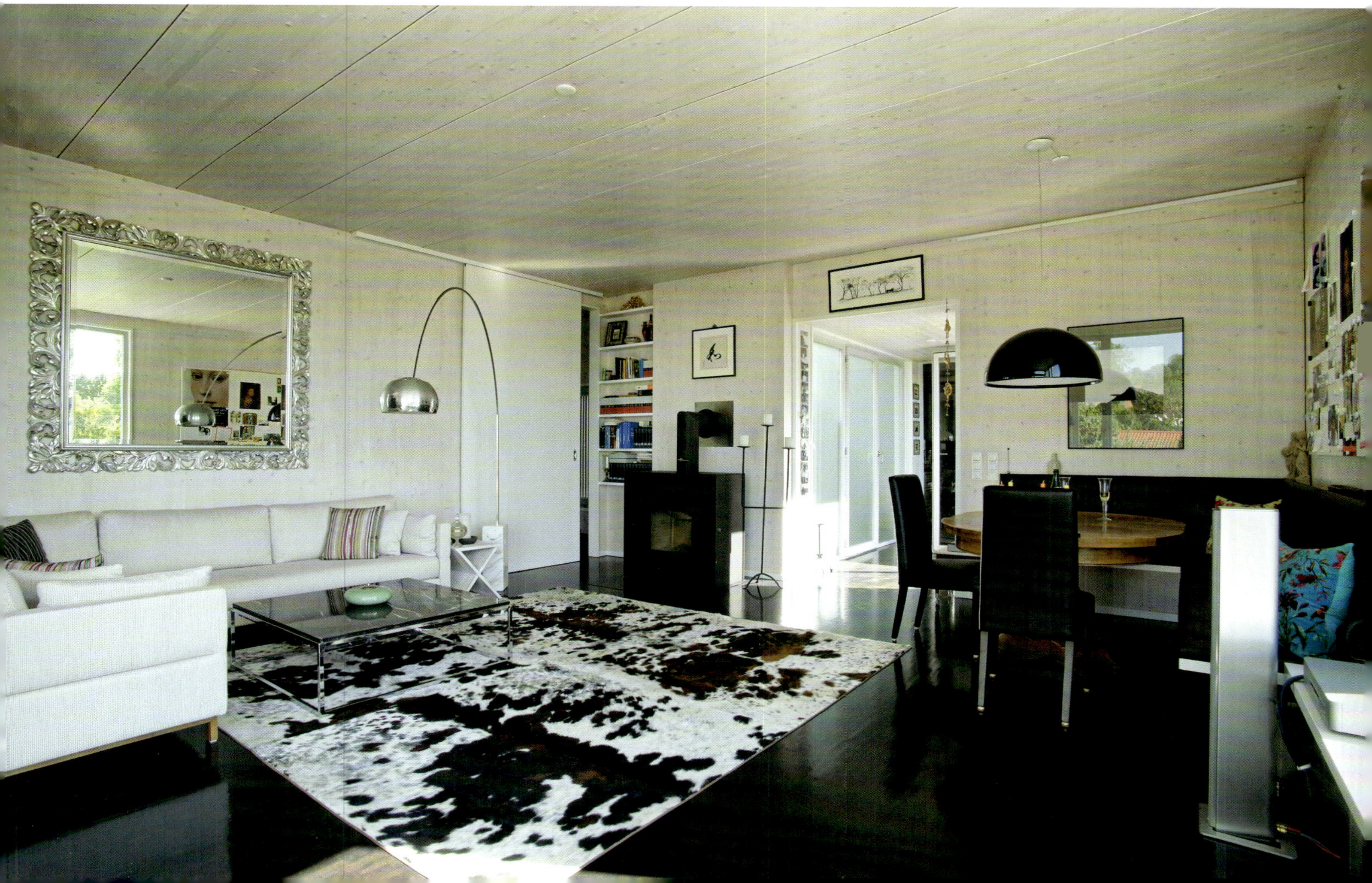

Links oben: Zwischen Alt- und Neubau entstanden geschützte Freiflächen mit hoher Aufenthaltsqualität.

Links unten: Blick vom Zugang zur neuen Erweiterung

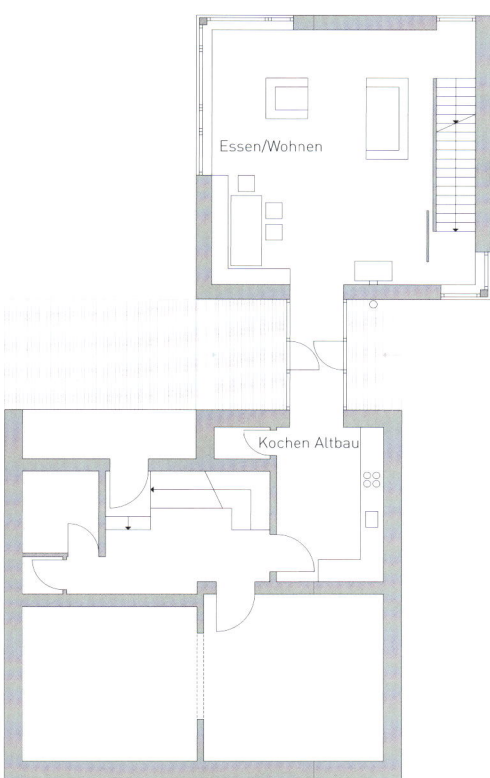

Obergeschoss Neubau und Erdgeschoss Altbau

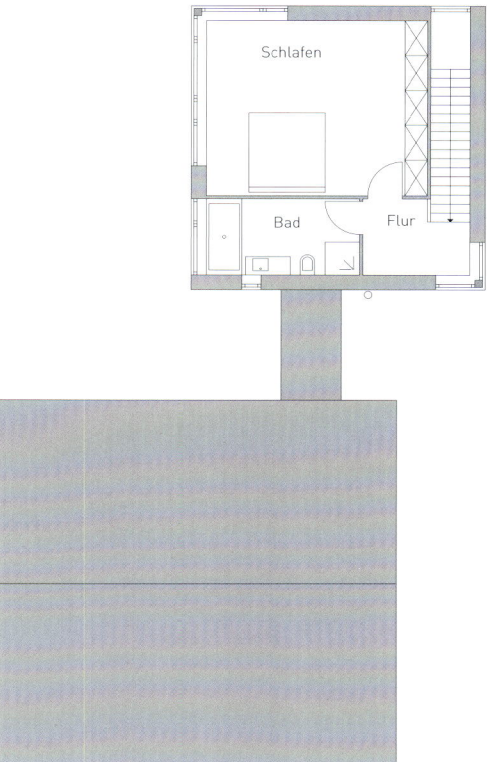

Dachgeschoss Neubau

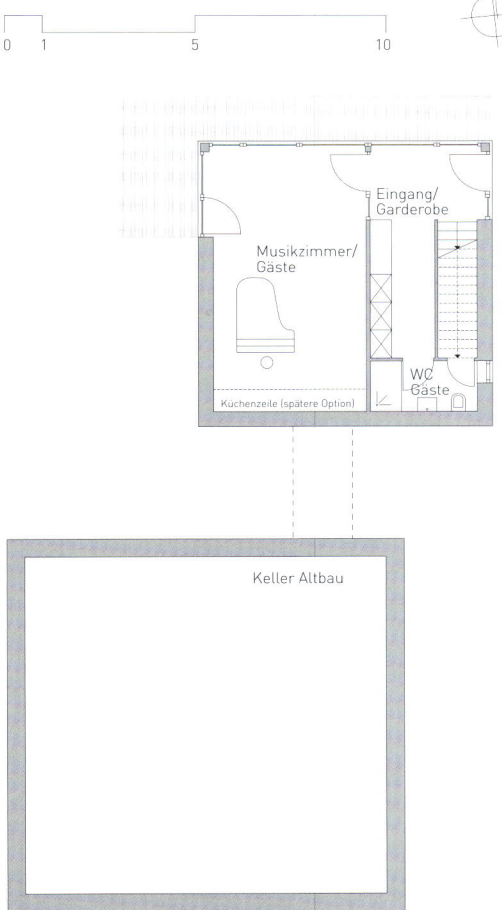

Erdgeschoss Neubau

## Besonderheiten:

→ Schwellenlosigkeit innerhalb der Geschosse sowie zwischen Altbau und Erweiterung

→ Treppenbreiten sowie Ein- und Austritte großzügig bemessen

→ flexible Erschließungslösungen

→ spätere Abtrennung der Baukörper vorbereitet

## Baudaten:

**Baujahr Altbau:** um 1930
**Bauzeitraum:** 2007–2008 (8 Monate)
**Grundstücksgröße:** 920 m²
**Wohnfläche:** Neubau 140 m² zuzüglich 37 m² Terrassen, Altbau 115 m²
**Bruttorauminhalt Neubau (BRI):** 570 m³
**Bauweise:** Holzmassivbau, gedämmt (auch Kellergeschoss); Holz-Beton-Verbunddecken
**Energiekonzept:** Anschluss an die bestehende Zentralheizung des Altbaus, zusätzlich Beheizung über raumluftunabhängigen Kaminofen im Wohn-/Essbereich
**Heizenergiebedarf/Jahr (Neubau):** 68 kWh/m²
**Gesamtkosten Neubau (inklusive Honorare, Steuern und Nebenkosten):** ca. 340.000 Euro

# ANHANG

## Architektenverzeichnis

Architektin Barbara Anetsberger
Bachstraße 19
84036 Landshut
Telefon 0871 / 2 75 45 49
mail@anetsberger-architektur.de
www.anetsberger-architektur.de

Arquitectos ZT
Schottenfeldgasse 72/2/8
1070 Wien
Österreich
Telefon +43 / (0)1 / 5 26 50 59
office@arquitectos.at
www.arquitectos.at

baulampe architekten
Thomas Lampe Architekt BDA
Markgrafenstraße 3
33602 Bielefeld
Telefon 0521 / 39 93 29 66
post@baulampe.de
www.baulampe.de

Architektur | Hansulrich Benz
Freier Architekt BDA
Ölmühle
71287 Weissach
Telefon 07152 / 33 00 11
architektur@HansulrichBenz.de
www.hansulrichbenz.de

Berktold Bertsch Architekten
Philipp Berktold und Susanne Bertsch
Färbergasse 15
6850 Dornbirn
Österreich
Telefon +43 / (0)5572 / 89 01 37
philipp.berktold@architekturwerk.at
susanne.bertsch@architekturwerk.at
www.architekturwerk.at

brenner architekten
Christoph Brenner
München – Berlin
Häberlstraße 22
80337 München
Telefon 089 / 33 09 20 77
info@christoph-brenner.eu
www.brennerarchitekten.com

Architekt Karim El Ansari
Walter-Rathenau-Straße 2
35745 Herborn
Telefon 02772 / 72 00 00
info@elansari.de
www.elansari.de

gerstmeir architekten
Thomas Gerstmeir
Zeppelinstraße 59
81669 München
Telefon 089 / 1 89 08 36 37
tg@gerstmeir.com
www.gerstmeir.com

Architekt Markus Götz
Christian-Kreuzer-Straße 15
92660 Neustadt an der Waldnaab
Telefon 09602 / 6 17 55 08
info@goetz-markus.de
www.goetz-markus.de

Grimm Architekten (bis 2003 Grimm+Künzel)
Beate Grimm
Nordendstraße 24
60318 Frankfurt am Main
Telefon 069 / 66 05 66 90
grimm@grimm-architekten.de

Architekt Armin Hägele
Lohhofer Straße 2
85386 Eching/Bayern
Telefon 089 / 31 90 28 85
kontakt@architekt-haegele.de
www.architekt-haegele.de

in_design architektur
Christine Weinmann und Tim Driedger
Gutzkowstraße 35
60594 Frankfurt am Main
Telefon 069 / 66 05 79 77
www.indesign-architekten.de

Architekt Ivano Iseppi
Postfach 20
7430 Thusis
Schweiz
Telefon +41 / (0)81 / 65 104 40
iseppi@iseppiarchitekt.ch
www.swiss-architects.com/iseppi-urbanplus

ArchitekturDesign Klein_Thierer
Böhmenstraße 67
89547 Gerstetten
Telefon 07323 / 92 00 29
info@klein-thierer.de
www.klein-thierer.de

m3 Architekten AG
Asylstrasse 58
8032 Zürich
Schweiz
Telefon +41 / (0)44 / 3 63 99 15
www.m3-architekten.ch

Architekt Andreas Mayer-Winderlich
Eisenhartstraße 10
14469 Potsdam
Telefon 0331 / 9 51 07 10
mail@mayer-winderlich.de
www.mayer-winderlich.de

Rolf Meier I Martin Leder
Architekten AG
Theaterplatz 4
5400 Baden
Schweiz
Telefon + 41 / (0)56 / 2 04 96 96
mail@meierleder.ch
www.meierleder.ch

riek architektur
Detlef Riek
Holzstraße 102
45479 Mülheim an der Ruhr
Telefon 0208 / 94 13 99 73
info@riek-architektur.de
www.riek-architektur.de

Christof Rösch
Kunst + Baukunst
Schiglina 183
7554 Sent
Schweiz

Architekt Martin Schaub
Nelkenweg 12
83109 Großkarolinenfeld
Telefon 08031 / 25 94 98
martin@architekt-schaub.de
www.architekt-schaub.de

Architekt Florian Sikora
Landwehrstraße 39 Rgb.
80336 München
Telefon 089 / 21 02 36 81
info@sikora-architektur.de
www.sikora-architektur.de

## Adressen Beratung und Förderung

Barrierefrei Leben e.V.
Wohnberatungsportal
Richardstraße 45
22081 Hamburg
Telefon 040 / 29 99 56-56 (keine Telefonberatung)
info@online-wohn-beratung.de
www.barrierefrei-leben.de

Bundesarchitektenkammer e.V.
Askanischer Platz 4
10963 Berlin
Telefon 030 / 2 63 94 40
info@bak.de
www.bak.de

KfW Bankengruppe
Palmengartenstraße 5–9
60325 Frankfurt am Main
Telefon 069 / 74 31-0
info@kfw.de
www.kfw.de

Verbraucherzentrale Bundesverband e.V.
Telefon 030 / 25 80 00
info@vzbv.de
www.vzbv.de

Verbraucherzentrale Rheinland-Pfalz
Landesberatungsstelle Barrierefrei Bauen und
Wohnen
Seppel-Glückert-Passage 10
55116 Mainz
Telefon 06131 / 22 30 78
barrierefrei-wohnen@vz-rlp.de
www.verbraucherzentrale-rlp.de

www.baufoerderer.de
Gemeinschafts-Website des Verbraucherzentra.e
Bundesverbands und der KfW mit einer Förder-
übersicht zum Thema Bauen, Umbauen und
Finanzieren

## Weitere Adressen

Sandra Mira Photographie
(Projekt S. 140–147)
mail@sandra-mira.de
www.sandra-mira.de

## Bildnachweis

Archiv Architekten (baulampe): Seite 78
Archiv Architekten (Grimm Architekten): Seite 102–109
Victor S. Brigola, Berlin: Seite 148–153
Thomas Drexel, Friedberg/By.: 16–19, 20 unten beide,
22–27, 34–51, 58–63, 65 oben rechts, 72–77, 79–83,
110–146, 154–164
Carlo Giannotta, Mülheim/Ruhr: Seite 65 oben links
Robert Fessler, A-Lauterach: Seite 20 oben
Sabine Maria Fritz, Kaimling/By.: Seite 84–101
Harald Geiger, Dachau: Seite 66–70
Bruno Helbling, Zürich: Seite 52–57
Henning Koepke, München: Seite 28–33
Rolf Sturm, Landshut: Seite 10–15

## Pläne

Alle Pläne wurden von den jeweiligen Architekten und
Planern gezeichnet.

## Literaturverzeichnis

Age Stiftung/Mariette Beyeler (Hg.): Weiterbauen.
    Wohneigentum im Alter neu nutzen. Basel 2010
Thomas Drexel: Das Neubau-Buch,
    Planung, Ausführung, Innenraumgestaltung,
    Gartenanlage. München 2008
Thomas Drexel: Neue Top 100 Häuser,
    Zeitlos – Individuell – Preiswert. München 2011
Susanne Edinger, Helmut Lerch und Christine Lentze:
    Barrierearm – Realisierung eines neuen Begriffs.
    Stuttgart 2007
Eckhard Feddersen und Insa Lüdtke:
    Entwurfsatlas Wohnen im Alter. Basel u.a. 2009
Sylvia Görnert-Stuckmann: Wohnen im Alter.
    Planen und Organisieren. München 2010
Oliver Herwig: Universal Design, Lösungen für einen
    barrierefreien Alltag. Basel u.a. 2008
Veronika Lenze, Klaus Th. Luig und Kristin Köhler:
    Häuser mit Zukunft. Variable Grundrisse für flexible
    Wohnformen. München 2009

## Dank

Der herzliche Dank des Autors gilt allen Eigentümern
und Architekten der im Buch vorgestellten Häuser,
deren Mitarbeitsbereitschaft und teils auch ganz
praktische Gastfreundschaft das Gelingen des Buchs
erst möglich gemacht haben. Für das umsichtige
Projektmanagement und Lektorat war Sabine Schmid
verantwortlich, Susanne Ebersberger erstellte das
wiederum sehr gelungene und dieses Mal besonders
aufwendige Layout. Programmleiter Roland Thomas
brachte das Projekt zusammen mit dem Autor auf
den Weg.

## Impressum

Das für dieses Buch verwendete FSC®-zertifizierte Papier
*Profisilk* liefert IGEPA.

1. Auflage Copyright © 2011 Deutsche Verlags-Anstalt,
München, in der Verlagsgruppe Random House GmbH
Alle Rechte vorbehalten
Grafische Gestaltung und Herstellung: Susanne Hermann / DVA
Lithografie: Helio Repro, München
Druck und Bindung: Offizin Andersen Nexö, Leipzig
Printed in Germany
ISBN 978-3-421-03812-8

www.dva.de